# 国企工会参与职能与福利职能变迁研究

Research about the Change of the Participation Function and Welfare Function of the State-owned Enterprise Trade Union

王晓慧 · 著 ·

中国工人出版社

**图书在版编目（CIP）数据**

国企工会参与职能与福利职能变迁研究 / 王晓慧著. —北京：中国工人出版社，2014.9

ISBN 978-7-5008-5910-9

Ⅰ.①国… Ⅱ.①王… Ⅲ.①国有企业—工会工作—研究—中国 Ⅳ.①D412.6

中国版本图书馆CIP数据核字（2014）第208189号

国企工会参与职能与福利职能变迁研究

| | |
|---|---|
| **出 版 人** | 李庆堂 |
| **责任编辑** | 罗荣波 赵晨羽 |
| **责任校对** | 孙逎伟 |
| **责任印制** | 栾征宇 |
| **出版发行** | 中国工人出版社 |
| **地 址** | 北京市东城区鼓楼外大街45号 邮编：100120 |
| **网 址** | http://www.wp-china.com |
| **电 话** | （010）62350006（总编室）；（010）62005039（营销出版部）<br>（010）82075935（工会与劳动关系分社） |
| **发行热线** | （010）62004002 （010）82081553（传真） |
| **经 销** | 各地书店 |
| **印 刷** | 北京市密东印刷有限公司 |
| **开 本** | 700毫米×1000毫米 1/16 |
| **印 张** | 13.75 |
| **字 数** | 220千字 |
| **版 次** | 2014年12月第1版 2014年12月第1次印刷 |
| **定 价** | 38.00元 |

本书出版受“北京高等学校青年英才计划项目（Beijing Higher Education Young Elite Teacher Project）”资助

本书为教育部重大课题攻关项目“中国特色社会工作制度和模式研究”（项目号：09JZD0026）的阶段性成果

# 目　录

# 第一章　问题的提出及选题的意义

## 第一节　问题的提出

对于工会的关注，最初源于笔者的职业。2004 年研究生毕业后，笔者到中国劳动关系学院任教。该校隶属于中华全国总工会，具有工会研究的传统，耳濡目染，笔者也开始接触工会。之后，笔者参与了许晓军教授的社科基金项目“构建社会主义和谐劳动关系研究——工会博弈行为与和谐劳动关系的建构”的调研活动，从中笔者获得了对中国工会的直观印象，也渐渐了解了企业工会的日常工作，亲眼目睹工会干部工作的状态，体会到他们内心的挣扎与冲突，也深刻地感受到工会的困境。

中国工会的规模堪称世界之最，截至 2013 年 9 月，全国工会会员达到 2.9 亿人，全国基层工会组织已经达到 276.6 万个，覆盖单位 653.3 万个，其中农民工会员有 1.1 亿人，呈稳定增长之势。[①] 但与庞大的会员数字形成反差的是，随着中国改革向纵深进行，劳动关系争议事件却越来越多，也使得工会一次次在劳资矛盾中站在了风口浪尖上。在新闻传播媒体中，时有对工会作用发挥的尖锐批评。中华全国总工会（下文简称全总）在协调劳动关系的行动中表明自己的态度和立场、向劳资双方发出呼吁和建议，并采取了必要的行动。在收到一定成效的同时，我们也看到我国劳动领域内依然问题重重。

---

① 来源于凤凰网，题为《依法建会措施有力 成效显著》，网址：http：//news. ifeng. com/a/20141119/42509714_ 0. shtml，最后查阅日期：2014 年 12 月 3 日。

从体系上看，中国工会组织严密，实行产业和地方相结合的原则，各产业建立全国的和地方的产业工会组织。各种所有制企业、事业和机关等基层单位，也依法设有工会。近年来，随着市场经济的发展，在企业中建立工会成为全总在工会组建工作中力推的方向。通过对国有企业和民营企业中的工会进行比较，我们可以发现，国有企业的工会一般会被认为比较规范，并成为许多民营企业发挥工会作用的样板。那么在国有企业中，工会是如何运作的？国企工会作用发挥如何？工会作为党联系职工和群众，代表和维护职工利益的群众组织，在社会转型及向市场经济体制转轨的过程中其实际角色和地位如何？工会成员、企业职工又是如何看待工会的？工会在企业涉及工人合法权益的决策方面是如何参与的？都是值得研究的问题。

除了现实情况触发的疑问之外，在理论研究上，笔者也同样有一些研究疑问。到目前为止，对中国基层企业工会的研究并不多。华尔德（Andrew G. Walder）的《共产党社会的新传统主义——中国工业中的工作环境和权力结构》开启了对中国单位制的研究，他关心的是现代中国工业中的权力关系及其相较于其他国家的特殊性，他的研究对象是中国的工人阶级，包括工人阶级在中国共产党的领导下的地位，以及主导着工人阶级生活和工作的政治权力结构。在他的研究中，组织内的工人在经济上依附于企业、在政治上接受工厂党支部的领导、在个人关系上听从车间领导的直接领导。工厂领导试图通过发展一套稳定的，本质上是上下间互惠的关系去控制工作单位。工会不是华尔德研究的重点，他认为工会是工厂的一个协调性机构，在工厂中承担发放福利的职能。“在1966年之前，企业工会扮演了工人福利发放者的角色，工人可以从工会那里申请家庭困难补助，并就日常生活中的问题提出意见。”①

张静的《利益组织化单位——企业职代会案例研究》是国内学界少见的对企业职代会进行深入实证研究的著作，通过对职代会运作的研究，她认为

① 华尔德著：《共产党社会的新传统主义——中国工业中的工作环境和权力结构》，龚小夏译，牛津大学出版社，1996年，第227页。

企业工会是一个以企业进行分割的组织，与西方国家的工会作为对抗性政治组织不同，中国的企业工会被整合进企业行政管理系统、承担起企业管理者与工人之间的协调性工作。这也决定了企业工会和企业管理层的密切依附性关联。①

以上的研究给予笔者诸多理论上的启发，也引发笔者思考了更多的问题。从时间上说，华尔德的研究截至1985年，基本上属于中国计划经济时期，而在20世纪90年代之后，国企的管理体制开始改革，企业的经营者在企业的管理中占有绝对的主导地位，这样的变化对企业产生了什么影响？对工会有什么影响？张静研究的是1985年到1995年之间的国有企业职代会案例，那个时期国有企业的工会和职代会受计划经济的影响比较大。张静在文中亦写到，国有企业更大的变革是在1995年之后开始的。那么，进入市场经济时期后，国有企业的工会发生了哪些变化？与计划经济时期相比，企业工会的地位和角色发生了哪些变化？工会实际上在做什么？它对工人起什么作用？

华尔德和张静的研究均是从政治社会学的角度来进行的，他们在研究中也写到工会与职工福利的密切关系，认为福利是职工的一项正当权利。在组织代表性方面，工会动员和代表工人；在社会福利方面，工会是工人正当权利的天然维护者。那么如果从福利社会学的角度来看，企业工会的角色又是怎样的？

此外，中国市场经济发展过程中产生的一些问题诸如劳资冲突、工人的抗争、群体性事件频发等，也促使笔者去研究工会的地位和职能问题。2008年1月，在由中国政府和国际劳工组织共同召开的“‘2008’经济全球化与工会”国际论坛上，时任国家主席胡锦涛发表了重要讲话，首次明确提出了“体面劳动”的概念。2011年2月19日，时任国家主席胡锦涛在省部级主要领导干部社会管理及创新专题研讨班开班仪式上发表重要讲话，阐述了加强和创新社会管理的紧迫性，明确提出了新形势下加强和创新社会管理、做好群众工作的总体思路和重点任务。② 改革向纵深进行时，我国应加快从社会管

① 张静著：《利益组织化单位—企业职代会案例研究》，中国社会科学出版社，2001年，第198页。

② 来源于新华网，题为《胡锦涛：扎扎实实提高社会管理科学化水平》，网址：http://news.xinhuanet.com/politics/2011-02/19/c_121100198.htm，最后查阅日期：2014年4月5日。

理到社会治理的改变。党的十八届三中全会提出要创新社会治理体制，指出“创新社会治理，必须着眼于维护最广大人民根本利益，最大限度增加和谐因素，增强社会发展活力，提高社会治理水平，维护国家安全，确保人民安居乐业、社会安定有序”。有效的社会治理，政府不是唯一的治理主体，社会力量必然要参与其中。[①] 中国工会是重要的群众团体，作为职工利益的唯一合法代表，其工作理念、工作方式应发生转变，更多地代表工人、维护工人权益，在社会治理体制创新中发挥作用。

工会作为党领导下的群众组织，在市场经济不断发展、劳动关系不断创新的新形势下如何发挥自己的作用，代表和维护职工的合法权益是一个值得探讨的问题。

## 第二节　选题的意义

### 一、理论意义

学界对中国工会的研究较少，现有研究偏向政治学的角度，国企工会一直具有福利传统，但工会所做的福利工作在政治学研究者看来是“不务正业”、“琐碎”的，并没有对其进行过多的深入研究。值得注意的是，福利同样是一种权利，维护职工的福利也是工会维权的表现。从工会的属性上来看，工会并不单纯是政治组织，它同样具有群众组织的属性，自新中国成立以来，工会一直承担着大量的福利工作。从政治和福利两个角度来研究基层工会，将更丰富学界对于工会的研究。对于基层工会的变迁进行研究可以与以往研究国企和工会的学者提出的理论进行对话。

本研究从工会的组织和动员（在企业内部表现为工会的参与功能——参与企业生产和管理活动）、维护工人权益（实施职工福利制度，反对和纠正违

① 张康之：《合作治理是社会治理变革的归宿》，《社会科学研究》2012 年第 3 期。

反职工合法权益的企业行为）这两个既有区别又互相联系的角度（即政治——福利的角度）出发，分析国企工会的活动，研究60多年来国企工会的变迁和特点特别是市场化改革以来工会的行为特征，揭示其内在逻辑。

工会作为工人自愿参与和组成的群众组织，具有其社会性，在一定意义上它与企业党政组织的关系也反映了我国国家与社会的关系。特别是向市场经济体制转轨以来，工会应该具有更多的代表工人、维护工人权益的组织特征，通过本研究，可以进一步揭示当前我国工会具有的“国家与社会”的关系特点。

综上所述，本研究将丰富现有的对于工会的研究，探索工会研究的空白领域，并与以往理论有所对话。

## 二、现实意义

中国的改革已进行了30多年，社会发生了巨大的变化，全球化的趋势则使中国的发展面临着更大的机遇和挑战。中国经济的高速发展世界有目共睹，但随之产生的国内社会矛盾加剧、社会问题丛生等也是不争的现实。改革在某种程度上使得工人阶级利益严重受损，如没有更合适的制度安排，劳资冲突将愈演愈烈。工会是中国唯一合法的工人阶级群众组织，其作用发挥情况将影响着社会发展稳定的大局，对基层工会运作进行研究，将有助于推进公平正义社会秩序的建设。

本研究将分析国企工会发挥自身职能的过程中存在的问题，探讨其履行职能的条件，对如何完善其自身发展、促进工会更好地发挥作用提出建议。

# 第二章　文献综述

本研究的基本视角如下：中国的国企工会是处于企业领导层（党政管理部门）和工人之间的协调性组织。在《中国工会章程》和《工会法》等相关法律的指导下，它有其自身的法定职能，也被赋予了合法性地位，因而是有行动能力的，能够依法独立开展工作。但是，工会作为群众组织，其能力又是有限的，它的活动受到工会体制、企业组织和工人群体特征的影响，即其自主性活动的能力是有限的。

## 第一节　国内外对于自主性的研究

自主性（autonomy），是行为主体按自己意愿行事的动机、能力或特性。已有的对于自主性的研究，有从心理学角度研究人格的自主性，也有研究大学的自主性等，近些年来对学界影响较大的则是国家自主性理论。

### 一、国外对于国家自主性的研究

在学术领域内，国家自主性自康德、黑格尔起已有探讨，马克思则被学界认为是研究国家自主性理论的先驱。马克思的工具性国家理论属于社会中心主义分析范式，即“国家的形式与行动源于市民社会和生产关系领域，国家是市民社会和生产关系领域中的统治阶级实现自身利益的工具。但是，在历史与现实中，国家作为凌驾于市民社会和生产关系领域之上的力量并未完全表现出其工具性，有时甚至不顾统治阶级的诉求而采取行动”。[①] 当国家不顾统治阶级的诉求而采取行动时，就是国家自主性的表现，马克思和恩格斯以波拿巴王朝的例子来对此进行过论述。虽然马克思注意到国家的自主性现象，但他认为这是特定历史条件下的产物，是临时性的。而以尼科斯·普朗查斯（Nicos Poulantzas）和拉尔夫·密利本德（Ralph Miliband）为代表的新马克思主义者在马克思的论述基础上，提出了“国家相对自主性”理论。但是，在新马克思主义者内部，对国家自主性的认识也并不统一，一些新马克思主义者坚持认为国家没有自主性，它只是统治阶级实现利益与意志的工具；另一些人则认为“国家是一种体现阶级关系的结构，这种结构会反复被阶级间的政治斗争所重新塑造”[②]，主张国家没有自主性。此外，还有一部分新马克思主义者虽然相信国家在本质上相对于统治阶级具有组织上的独立性，但仍坚持认为国家不得不致力于促进资本积累，并保护统治阶级在整体生产模式中的支配地位。[③] 由此可见，新马克思主义者的论述依然是沿袭社会中心主义分析范式。二十世纪七八十年代，以西达·斯考克波（Theda Skocpol）为首的回归国家学派异军突起，对学界的社会中心主义思路发起了强有力的挑战。他们用分析归纳法与历史比较来研究国家，其对国家的认识深受马克思·韦伯国家观的影响。他们认为国家是一个具有独立利益的自主行为主体。不同于新马克思主义者认为国家具有相对的自主性，国家回归学派认为国家具有潜在的完全自主性。

斯考克波是这样界定国家自主性的，“作为一种对特定领土和人民主张其控制权的组织，国家可能会确立并追求一些并非仅仅是反映社会集团、阶级或社团需求或利益的目标，这就是通常所说的‘国家自主性’（state autonomy）”。[④] 从此可以看出，“国家自主性”的核心内涵是自我利益取向的独立行为主体。

---

① 张勇、杨光斌:《国家自主性理论的发展脉络》,《教学与研究》2010 年第 5 期。

② 彼得·埃文斯、迪特里希·鲁施迈耶、西达·斯考克波编著:《找回国家》，方力维、莫宜端、黄琪等译，生活·读书·新知三联书店，2009 年，第 476 页。

③ 同②，第 477 页。

④ 同②，第 10 页。

"大部分组织现实主义者①的学者都使用过国家'强弱'这组概念，其中陈述最为清晰的是S·斯科罗尼克（S. Skowronek）。他认为国家力量可以根据重要性的大小从三方面进行衡量，即政府的组织倾向，将既定组织计划中的机构联系在一起的程序惯例，以及政府雇员的知识才能。国家的组织趋向是由四个组织特征决定的，它们包括权力在中央政府的集中度（Concentration），从中央政府到管辖范围制度控制的渗透力（Penetration），权力在中央政府内部的集中化（Centralization），以及政府内部的机构任务和个人作用的专门化（Specialization）。国家在这四个方面的制度化程度越高，它的组织倾向越强。程序维度包括国家官员行动的途径以及机构内部或机构之间不同部门的政策协调方式。以斯科罗尼克提出的三个维度为标准，组织现实主义者得出了国家'强弱'的定义：如果国家工作人员能够获得行动的自主性，建立全面协调的机构来制定政策，有效地垄断暴力执行制度和动员国内物力和人力资源，从而使国家能够成功地实现社会控制，在国际政治经济关系中处于积极主动的地位，那么这种国家称为'强国家'；如果国家难以实现社会控制，不能创造出政治集中和高度整合的社会，无法独立地追求自己的目标，那么，这种国家称为'弱国家'。但是，在研究中，国家自主性的'强弱'并不能单独用上述标准来衡量，因为这些因素只是国家本身所拥有的条件，反映的是历史的解剖切面。国家的自主性必须放在同其他国家以及非国家行为者的比较中才能准确地衡量其'强弱'。组织现实主义者利用国家'强弱'这样一个测量尺度对资本主义国家进行了个案比较分析，他们认为国家力量'强弱'直接体现于对经济的干预程度，而福利政策的实现程度也在很大程度上反映了国家能力的'强弱'。他们认为从福利政策角度讲，瑞典和美国代表着国家'强弱'的两极，而一些西欧国家则处于中间区域。"②

单纯地以国家"强弱"来进行划分的方法并不能解释所有政治现象，尤其是不能说明"弱"国家在某一领域的"强"政策和"强"国家在某一部门

① 因西达·斯考克波在《国家和社会革命》一书中建议研究国家的方法可以合适地标以"组织的"和"现实主义的"而得名。组织现实主义者即指国家回归学派的学者。

② 杨雪冬：《国家自主性与国家能力》，《马克思主义与现实》1996年第1期。

的“弱”政策这一现象。于是，国家回归学派学者提出国家机构不平衡发展这一命题。所谓机构发展的不平衡指的是集中的模式、精英的录用、官员的技能以及意识形态取向在政策部门（Sectors）之间以及亚部门（Subsectors）之间存在着差别。“国家介入社会经济生活不同领域的能力并不相等，这种在某一时刻（不同能力）或是不同时段（同一能力）上的国家具有能力不平衡的现象，大概是要理解国家会如何面对挑战所必须认识到的最重要的结构特征。”①

理论的发展与现实有密切的联系，国家回归学派的出现与发展同“二战”后西方国家的巨大变化密不可分，随着20世纪30年代到50年代“凯恩斯革命”的兴起，国家宏观调控成为标准做法，公共社会开支也在包括美国在内的所有发达工业资本主义国家蓬勃发展。殖民主义帝国体系的解体产生了数十个“新兴民主国家”，但是人们很快看到西方的自由民主模式并不能在这些国家的政治组织和政策选择过程中被简单地复制。最后，也许是最重要的，到20世纪70年代中叶，英国和美国都在一个国际经济竞争更为激烈同时也更加具有不确定性的世界中遭受到巨大的压力。在这一背景下，国家作为行为主体和有社会影响力的制度结构的观点变得时髦起来。②

## 二、国外对于社会自主性的研究

在西方国家，社会具有自主性的观点被认为是不言自明的。而西方经济的发展也使得自由主义的观点甚嚣尘上。这一观点主张不管是民族国家社会还是全球经济都可以而且应该通过自发调节的市场来组织。但波兰尼（Karl Polanyi）对这一观点进行了强力批判并提出了“嵌入”的概念，他认为在19世纪之前，人类经济一直都嵌入于社会之中，经济“脱嵌”社会的努力会遭遇相反方向的抵制，因为市场经济社会是由两种相互对立的运动组成的——

---

① 彼得·埃文斯等编著：《找回国家》，方力维等译，生活·读书·新知三联书店，2009年，第478页。

② 同①，第7页。

力图扩展市场范围的自由放任运动，以及由此生发出来的、力图抵制经济脱嵌的保护性反向运动。① 保护性反向运动是对社会的保护，目标是对人和自然以及生产组织进行保护，其倚仗直接受到市场有害行动影响的主体（主要是、但不仅仅是工人阶级和地主阶级）的各种各样的支持。保护性反向运动运用保护性立法、限制社团行为和其他干涉手段作为自己的运作手段。② 波兰尼认为社会具有自主性，可以代表自己行动，制衡市场的力量。布洛维把波兰尼所说的"社会"称为能动社会，是对市场带来的堕落的一种反应，他认为即使是波兰尼所说的"社会"也有空想的性质，"波兰尼不断地提到'社会的本体'，这证实了他对社会的看法：社会是不同于市场的自主的存在"③。

诺德林格认为自主性与社会实体的偏好有关，他认为伊曼努尔·康德（Immanuel Kant）将个人自主性等同于自由意志。"任何社会实体的自主性都与它的偏好与实践相契合。一个完全自主的社会假设真的存在这么一个实体的话，是会始终如一地按其意愿行动的。"④

社会是一个大的概念，更具体一些的概念是社会组织。以前人们往往把社会组织一分为二，非私即公，非公即私。美国学者 Levitt 认为这种划分太粗陋，忽略了一大批处于政府与私营企业之间的社会组织，它们所从事的是政府和私营企业"不愿做、做不好，或不常做"的事。Levitt 将这类组织统称为"第三部门"。这个概念在美国学术界被频繁使用。⑤ 与"第三部门"大同小异的概念有"非营利组织"、"慈善组织"、"志愿者组织"、"公民社会"等。非营利组织具有多个特征，自主性是其突出特点之一，"指相对于政府的独立性，一些非营利组织之所以被统称为'第三部门'，就是因为人们相

① 卡尔·波兰尼著：《大转型：我们时代的政治与经济起源》，冯钢、刘阳译，浙江人民出版社，2007 年，第 18 页。

② 同①，2007 年第 114 页。

③ 麦克·布洛维著：《公共社会学》，沈原等译，社会科学文献出版社，2007 年，第 188—199 页。

④ 埃里克·A·诺德林格著：《民主国家的自主性》，孙荣飞等译，江苏人民出版社，2010 年，第 7 页。

⑤ T. Levitt，The Third Sector. New Tactics for a Responsive Society. Amacom，1973. 转引自王绍光著：《多元与统一——第三部门国际比较研究》，浙江人民出版社，1999 年，第 6 页。

信它们不受政府支配，能够独立筹措自己的资金，独立地确定自己的方向，独立地实施自己的计划，独立地完成自己的使命”。王绍光亦指出，自主性是个相对的概念。当今世界上的大多数“第三部门”组织，包括发达国家的非营利组织和发展中国家的非政府组织，最多只享有有限的自主性，而这其中的关键是组织的资金能不能实现自给自足。资金充裕的组织往往能够维护自己的自主性，但是这样的组织在数量上少得可怜。但因现在各国政府都不愿背负收买和操纵非政府组织的恶名，它们会小心翼翼地避免造成这种印象。因此，即使是拿政府津贴的“第三部门”组织也仍享有一定程度的自主性。①

英国的非营利组织主要强调非营利组织具有的如下三种属性：一是非政府性，即民间自主的特征；二是非营利或公益性，即为实现特定公益目标而开展的各种具有慈善性质的社会公益活动；三是志愿性，即参与群体基于自愿、自发和自下而上的自由意志。② Gareth G Morgan 对“第三部门”的定义被认为具有代表性：“我对‘第三部门’的定义很简单，它们是建立在非营利、不分配约束（Non - Profit - Distributing），也不属于国家机构这样一种双重属性基础上的组织。‘第三部门’是一种重要的民间组织，因为没有任何强力迫使人们必须去支持它或者参加它的活动。”③

## 三、国内对于国家自主性的研究

西方国家有成熟的市民社会，所以他们多年来的研究传统都是社会中心主义分析范式的，当国家出现了对社会的强烈干预，才出现了“找回国家”的研究潮流。

---

① 王绍光著：《多元与统一——第三部门国际比较研究》，浙江人民出版社，1999 年，第 53—54 页。

② 王名、李勇、黄浩明编：《英国非营利组织》，社会科学文献出版社，2009 年，第 23 页。

③ Gareth G Morgan. The Spirit of Charity. Charity Studies Professional Lecture，3 April 2008. 转引自王名、李勇、黄浩明编著：《英国非营利组织》，社会科学文献出版社，第 23 页。

中国自新中国成立以来到1978年改革前，“社会的政治中心、意识形态中心、经济中心重合为一，国家与社会合为一体，资源和权力高度集中，使国家具有很强的动员与组织能力，但结构较为僵硬、凝滞”[①]。孙立平等学者称这种结构形态为“总体性社会”。这种界定被学者们认可，在他们的论述中也沿袭了这种说法。[②] 由于改革前国家的力量非常强大，具有极强的自主性，国家与社会之间的关系处于“强国家——弱社会”的模式。在这种模式中，不仅国家的力量极强，社会的力量极弱，而且国家在很大程度上“吞并”了社会，难以形成相对自主的社会。[③]

邹傥（1994）和史华慈（Schwartz，1968）用全权主义（totalitarianism）来概括改革开放前中国政治环境中国家与社会的关系（后来邹傥改用全能主义 totalism 这一概念），但也有学者反对用全权主义或者全能主义这样的概念来刻画改革前的中国政治，因为他们认为国家对社会的全能性控制是不可能的，即使在改革前的中国，社会活动的空间还是存在的（参见 Walder，1986；Shue，1988）。[④]

1978年的改革开放改变了中国的社会结构，“最根本的变化是由总体性社会向分化性社会转变”[⑤]，具有相对自主性的社会开始形成。我国的改革是“摸着石头过河”式的探索，既取得了不小的成就，也出现了不少混乱。基于此，学界开始对国家能力进行研究。在1993年王绍光、胡鞍钢发表了《中国国家能力报告》，在社会上引起了巨大的反响。1995年，孙立平率先论述了市场经济过渡过程中的国家自主性问题。孙立平认为，国家的相对强度与国家的自主性在很大程度上是一致的，他将国家的相对强度理解为国家与社会中主要的利益集团相比而言的力量强度，类似于亨廷顿所说的国家对于社会力

---

① 孙立平、王汉生、王思斌、林彬、杨善华：《改革以来中国社会结构的变迁》，《中国社会科学》1994年第2期。

② 渠敬东、周飞舟、应星：《从总体支配到技术治理》，《中国社会科学》2009年第6期。

③ 孙立平：《向市场经济过渡过程中的国家自主性问题》，《战略与管理》1996年第4期。

④ 顾昕、王旭：《从国家主义到“法团主义”——中国市场转型过程中国家与专业团体关系的演变》，《社会学研究》2005年第2期。

⑤ 孙立平等：《改革以来中国社会结构的变迁》，《中国社会科学》1994年第2期。

量的超越性。国家对于各种社会力量的超越性就是国家自主性。改革开放前的中国相对于社会具有极强的自主性，其主要体现在两个方面，一是政策形成的自主性，二是形成了一个严密的组织系统以执行国家的意志。在改革开放前，中国社会体制的粗疏性和低度整合及运作过程中的变通对国家自主性有削弱。由于改革开放前的政治弊端被概括为"高度中央集权"，中国体制改革的基本思路和核心内容就自然变成了"放权让利"，这一改革过程深刻影响了十几年来中国国家与社会的关系及国家自主性的演变。改革开放过程中的"放权"实际上是沿着两条不同的路线进行的：一是中央政府向地方政府的放权，二是政府向企业的放权。两个过程交织在一起，一个错综复杂的社会结构变迁过程就开始了。国家与社会的关系并没有完全按照理论上国家与社会分离的路径发展，相反，在很大程度上形成了一种被称之为法团主义（Corporatism）的社会结构。国家重新积极介入社会及经济生活，日益成为市场经济中的一个积极行动者和利益主体，政府行为出现了企业化、市场化的趋势，其造成的直接结果就是政府在经济活动进而在整个社会活动中的超越性降低，国家的自主性程度下降，政治体制的弊端更加强化，国家的"公共"性质受到损害，并且产生了诸多社会问题。①

自此之后，除了一些对国家自主性理论综述的文章②，学界少有对中国国家自主性研究的文章。

王星参考国家回归学派对国家自主能力建设的论述，对改革开放以来国家自主性进行了深度的分析。他分别从产权、经济社会行为协调机制以及意识形态三个层面界定"国"、"民"的含义及其关系结构。摆脱了"国家强或弱"的抽象争论，而将学术视野落到了国家选择何处"强"及何时"强"（何处"弱"及何时"弱"）的具体内容之上。王星通过研究发现，中国的国家自主性嵌入于社会结构条件中，并在其中寻找行动理性，这一研究发现也与西方发达国家一致。但西方发达国家的自主性受公民社会的制约，它的行动更

① 孙立平：《向市场经济过渡过程中的国家自主性问题》，《战略与管理》1996年第4期。
② 刘剑：《国家自主性理论研究述评》，《国外社会科学》2010年第6期。

多是通过与公民社会达成理性契约而展开的，但中国的国家自主性行动则表现出强烈的自我调适性。①

## 四、国内对于社会自主性的研究

基于对现实的关怀及对民主政治的向往，20 世纪 80 年代，对国家与社会关系的研究成为中国学界的热潮。

最先流行的分析框架是市民社会。邓正来在分析中国现代化过程的两难境地的基础上，提出在现代化基本问题的认定上必须用“国家与社会的二元观”替代“权威本位（转型）观”。为了有利于在实践中解决国家与社会的关系问题，有必要建立中国市民社会的理论。他界定的中国的市民社会是指社会成员按照契约性规则，以自愿为前提和以自治为基础进行经济活动、社会活动的私域，以及进行议政参政活动的非官方公域。② 邓正来把独立自主、非官方视为公民社会的突出特点，但中国大陆并不存在独立于国家的市民社会，因此有学者又转而运用法团主义框架分析中国的国家与社会的关系，但同样也遭到质疑。一些学者尝试基于中国经验提出新的分析概念，康晓光、韩恒从政府管理社会组织的方式作为切入点，通过实证研究，提出了“分类控制体系”，确立了一种全新的国家与社会关系的“理想类型”。他们认为即便改革开放后国家与社会出现了重组，但国家依然占有绝对的主导地位，国家会根据社会组织行动的能力和能够提供公共物品的多寡，对不同社会组织实施不同的控制策略。他们将“分类控制体系”与“市民社会模式”、“法团主义模式”、“市民社会反抗国家模式”、“总体主义模式”一一作比较，认为改革开放前的中国实行的是总体制度，国家全面干预社会，当把“社会组织的自主性”作为一个比较指标，在总体制度之下，社会组织完全不自主；而

① 王星：《1978 年以来中国“国”与“民”关系之历史演进——立足于国家自主性理论的思考》，《人文杂志》2011 年第 2 期。

② 邓正来著：《国家与社会——中国市民社会研究》，北京大学出版社，2008 年，第 7 页。

在分类控制体系之下，不同类型的组织具有不同的自主性。[①]

康晓光等人基于中国现实提出的概念确实具有启发性，但因单方面强调国家的权力，把社会组织视为静态的实体，忽视了社会组织的生存策略和能动作用，因而受到质疑。

唐文玉、马西恒以恩派（NPI）公益组织发展中心为个案研究，发现了机构的生存策略为“去政治的自主性”，他们所叙述的自主性，主要指的是相对于为政府所支配的自主性，它意味着社会组织并不是一味地通过嵌入政府的策略来寻求政府的资源支持，并由此而依附于政府获得生存，其与政府之间所开展的合作具有某种西方意义上的自由、平等的内涵，这是建构在双方资源相互依赖的基础之上的。为了生存，NPI 在行为策略上进行“政治回避”，在这个过程中，丧失了在公共利益表达上的自主性，但在公共服务的提供上，具体表现在培育和支持社会组织的公共服务能力上却依然享有充分的自主性。作者认为，这种自主性是一种在当前中国制度环境下的有限自主性，是一种压缩了公共利益表达功能的公共服务提供上的自主性。[②]

以上研究均将自主性视为中国社会团体的本质特性之一，并没有用具体的指标来界定它。陈健民和丘海雄在对广州市级社团的研究中，将社会团体自主性概念化为社团领袖的选任、社团日常活动的自由、财政独立和社团对自主性的主观判断四个方面。[③] 安建增认为从本质上看，社会自主性就是蕴藏于主动获得活动空间过程中的一种行为倾向。其表现为：一是社会在与国家交往过程中表现出来的独立性，即社会的行动在相关法律规范下是相对自主的，社会自身有着争取自由支配空间的冲动，并且事实上是与国家相并列的一种主体形式；二是在整个公共活动网络中，社会与国家具有交互主体性，“交互主体性”意识的强化是自主性形成的关键；三是对于公共物品的需求而

---

① 康晓光、韩恒：《分类控制：当前中国国家与社会关系研究》，《社会学研究》2005 年第 6 期。

② 唐文玉、马西恒：《去政治的自主性：民办社会组织的生存策略——以恩派（NPI）公益组织发展中心为例》，《浙江社会科学》2011 年第 10 期。

③ 张沁洁、王建平：《行业协会的组织自主性研究——以广东省行业协会为例》，《社会》2010 年第 5 期。

言的主动性，社会主动性指的是在没有外力的情况下，面对特定的问题，社会会很快地汇聚成一种针对此问题的社会网络。除了社会内在的具有主动的倾向，衡量社会自主性程度还需要社会自主能力（the autonomy of the society）这个指标，社会具有的在自己的合法空间内自主行动的能力。包括社会中存在的可资整合的资源，动员能力，适应能力，利益综合能力，对社会资源的整合能力。①

有学者认为，如果用国家——社会二元对立的角度来看，国家与社会是零和博弈关系，但换一个角度看，国家与社会可以相互增权。基于此，顾昕等人根据北京大学中国社会团体研究中心于2000—2003年在浙江省、黑龙江省和北京市对社会团体进行的调查，获取经验数据，考察社会团体的活跃性、独立性、民主性和代表性与社团效能的关系。通过科学的定量分析，初步证明，独立的、民主的民间组织可以有效发挥它们为政府、公众和团体会员服务的效能。② 他们提出了公民社会与国家协同发展的论断。许多学者在论述中国国家自主性的同时，提出要促进公民社会的自主性。③

根据《工会法》第二条的相关规定，工会归属于社会部分。但在中国民间组织监管体系下，自1950年起，工会就作为"事业单位"被纳入事业单位的管理体系。中国工会在组织结构、管理方式、财政运作上带有鲜明的政府色彩，康晓光等对中国政府对社会组织的控制方式进行研究时，他们选择了8类社会组织进行典型调查，其中将工会与居委会进行比较。他们指出，工会和居委会都是作为党和政府联系群众的桥梁和纽带，在国家和社会之间起到承接联系的作用，因而具有政府色彩。研究者特别指出，企业工会不仅在当地政府的领导下开展工作，而且还与所在企业的管理层关系密切，因为企业工会在领导人选的任命、经费来源、人力资源调配等方面都与所在企业直接

① 安建增：《社会自主性与NGO的生成——基于中国NGO的历史发展轨迹的分析》，《学会》2010年第7期。

② 顾昕、王旭、严洁：《公民社会与国家的协同发展——民间组织的自主性、民主性和代表性对其公共服务效能的影响》，《开放时代》2006年第5期。

③ 潘修华：《当代中国社会阶层结构变迁与重建国家自主性》，《理论与改革》2005年第4期。张新光：《社会组织化：构筑国家与社会良性关系的关键》，《学术交流》2007年第8期。

关联。基层工会具有双重依附性。① 由此可以看出，企业工会的自主性与企业管理制度与密切的相关性，在现今的企业工会工作环境下，企业工会的作用如何发挥，成为学界研究工会问题的一个焦点。在计划经济时期，工会作为群众团体之首，在促进社会整合的过程中力量不容小觑。有学者指出，“无论是农村的人民公社还是城市中的单位，都是集各种职能于一身的总体性组织，在其中起核心作用的都是政治与行政权力。具体来说，党的组织系统、行政权力系统、工青妇等群众团体，是在这种整合机制中起作用的三支重要力量”。② 那么，在改革开放前，企业工会是如何开展工作的？而在改革开放之后，企业工会又发生了哪些变化？工会作为党联系职工群众的桥梁和纽带，其又是如何处理国家与社会的关系的呢？

## 第二节　对中国工会的研究

国外的工会研究较为成熟，但由于西方国家工会与中国工会在组织和发挥作用方面都存在很大差异，国外关于工会的研究很难为我们所借鉴。相比较学界在农村问题研究中深厚的学术积累，国内学者对于工厂和工会的深入研究相对较少。

学者们研究国企变革过程中的工人地位变迁、工人的行动、干群冲突的演化，但是他们在这些研究中对于工会的论述相对较少。随着改革开放的深入和市场经济的不断发展，劳资关系出现了新特点，在中国工业化进程中，工会是如何界定自身地位和作用的呢？企业工会又是如何维护职工权益的呢？

### 一、研究工会与党和国家的关系

现有的对于中国工会的学术研究，大多是通过梳理党和工会的文献资料

① 康晓光、韩恒：《分类控制：当前中国国家与社会关系研究》，《社会学研究》2005 年第 6 期。
② 孙立平等：《改革以来中国社会结构的变迁》，《中国社会科学》1994 年第 2 期。

进行的。中国工会是在中国共产党领导之下的工人阶级的群众组织，一些学者便从工会的组织关系出发，研究工会与党和国家的关系。

借用 Philippe C. Schmitter 和 Daniel Chirot 对组合主义（corporatism）的界定，陈佩华用国家组合主义的理论框架分析了全国总工会。新中国成立以后，按照列宁描绘的工会作为“传送带”的图景，中国工会被赋予了双重功能：自上而下代表国家的集体利益，传达指示，动员工人进行生产劳动；自下而上传递工人要求，保护工人权益。这种被 Pravda 和 Ruble 称为“古典双重主义”（classic dualism）的组织关系使工会需要协调国家与社会之间的关系，并在维护生产环境稳定和代表职工维权之间出现角色冲突，凸显了社会利益诉求的差异性。①

在另外一篇文章中，安戈、陈佩华同样用“组合主义”的概念来分析转型的中国，他们认为国家化组合主义理论为中国的变化提供了更为准确的模式。在全国性组合式机制中，全国总工会被作为重要的例子提出，全国总工会一方面在努力争取来自职工群众的支持；另一方面又要设法提高自己在劳工权益维护中的话语权，因此，该组织越来越主动地要求参与制定涉及工人利益的法律和行政法规。中国工会也在改革开放以后契合了国际劳工组织关于劳动关系应包括政府、工人和雇主三方这样一种组合结构的基本原则，全国总工会代表工人，政府劳动局代表国家，中国企业家协会代表中国雇主。②在组合主义的分析框架下，中国工会处于党的领导之下，并在劳工立法和维护职工合法权益的工作中发挥了自身的作用。

陈峰认为中国工会是一个具有国家和工人组织双重身份的机构，这将在市场经济条件下产生角色冲突。他所研究的问题是：具有维护社会稳定大局、促进生产和代表工人利益两个使命的工会在劳资冲突中是如何发挥代表工人的功能的？促使它们这么做的因素是什么？或者说，中国的工会能在多大程度上处理“国家”和“社会”的冲突？工会如何交替扮演这两种角色并在二

---

① 陈佩华：《革命乎？组合主义乎——后毛泽东时期的工会和工人运动》，《当代中国研究》1994 年第 4 期。

② 安戈、陈佩华：《中国、组合主义及东亚模式》，《战略与管理》2001 年第 1 期。

者之间保持平衡？通过研究，他认为工会在具体的和特定的劳动争议中扮演何种角色，取决于工会的两种制度性身份是否冲突，以及这种冲突的程度。工会作为党联系群众的桥梁和纽带，争取在国家和工人之间保持平衡。①

游正林通过梳理工会历年文献发现，近60年来，中国工会一直在努力加强自身与职工群众的联系，树立代表职工群众利益的社会形象。在新中国成立以来，中国工会多次进行改革，力图通过改善工会与党和政府的关系、增强工会的自主性与活力、加大维护职工群众合法权益的力度等手段来加强工会与职工群众之间的联系。游正林通过讨论工会进行改革、密切与职工群众联系的直接动力，提出了自己对于工会与党的关系的认识。他认为有的学者过分夸大了工会与党之间利益的不一致性，他们往往把党对工会的要求（代表并反映职工群众的意愿和要求）理解为工会的单独行为，从而过分强调了工会双重功能之间以及与党之间的冲突。工会每次力图改革的直接动力都是来自党对工会的领导和要求，中国工会密切联系群众与党加强和改善对工会的领导从而要求工会更好地发挥双重功能密切相关。②

## 二、对企业工会的研究

改革开放以来，中国的劳动关系矛盾凸显。在构建和谐劳动关系的目标下，工会作为劳动者一方的代表成为相关研究的重点。张暵硕在《当代中国劳动制度变化与工会功能的转变》一书中把工会组织视为劳动关系的重要要素。他认为探讨现代企业中的劳动关系变迁，必须探讨工会组织结构及功能的变迁。在这样的认识下，他对计划经济时期及改革开放时期劳动制度的变化和工会组织功能的转变进行了研究，认为自计划经济时期起至改革开放的市场转型期，工会由“以生产为中心”的功能模式转变为“以突出维护为中心”的功能模式，但是由于诸多制度因素制约了工会转变组织功能，导致劳

---

① 陈峰：《在国家和劳工之间：市场经济下中国工会的角色冲突》，《中国季刊》2003年12月。

② 游正林：《60年来中国工会的三次大改革》，《社会学研究》2010年第4期。

动关系处于失衡的状态。经营者从党和国家得到了相对的独立性，而劳动者的相应保障却难以落实，无法有效地保障其合法权利。有的基层工会在维护职工权益方面不力，也加大了职工对基层工会的不信任。

企业工会组织是什么样的组织？在华尔德看来，它是一个代表职工利益的企业内部组织，与企业管理层具有密切的关系。冯同庆在对改革开放以来中国工人的社会行动的研究中讨论了工会组织的性质，他认为虽然中国工会的利益代表性有了增强，但是其社会功能性表现得更为明显。从工人个体的社会行动来考察，与工会的利益代表性相比，工人更注重其社会功能性。或者说，中国工会之所以有突出的社会功能特征，一个重要原因是有工人个体的社会行动做基础。通过对工人、工会干部的行动的调查，冯同庆认为从团体行动的视角来看，中国工会更是社会功能组织。①

张静通过对一家国有企业职代会的案例进行研究，发现"职代会主要关心的议题不是厂长的工作报告，也不是产量或年度经费预算，而是企业资源或福利的分配，而是企业内关于职工奖金、福利、工作环境、交通、住房等'待遇'的规定，并能够对领导层作出相当的压力或影响。尽管职代会的参与效能还有待增强，但是它提供了有限参与的制度化渠道。单位是政治行政合一的组织，而职代会的这种双重性质是企业基层社会稳定的结构性基础。作为职代会常务领导组织的企业工会，它的作用是纽带性的传输组织"。她分析了企业工会组织的角色，认为"企业工会是一个被单位体制分割化了的组织。工会不是作为一个对抗性的政治监督组织，而是作为企业管理层内部的协调性组织。这一点，决定了它和企业管理层的密切关联。工会关心的事务的范围局限在福利政策和再分配的有关问题上。对职工来说，工会的意义是社会福利性的；对企业行政而言，工会的活动却不乏政治意义。工会在企业内变成专门协调意见的机构，它帮助职工满足其经济福利的要求，但其本身发挥的连接和象征作用，却有着宏观政治上的意义"②。

---

① 冯同庆著：《中国工人的命运——改革以来工人的社会行动》，社会科学文献出版社，2002年，第145页。

② 张静著：《利益组织化单位——企业职代会案例研究》，中国社会科学出版社，2001年，第94页。

冯钢有两篇论文与企业工会相关。他的一篇文章关注了 SA8000 标准实施对于中国工会的冲击，文章通过案例调研，分析了目前我国工会体制中存在的“企业工会主义”问题及其在计划经济时代的背景因素，强调企业工会组织必须跟随市场转型而加快改革步伐。① 他的另外一篇文章论述了企业工会的“制度性弱势”及其形成背景，他认为我国现行工会组织及其运作模式源于改革开放前的计划经济体制，相对于当前社会利益分化的现实，这种传统的工会组织及其运作模式存在着三方面的“制度性弱势”：即工会组织对行政主管和企业领导的依赖，工会组织代表职工维权的行为受企业管理层决策影响，集体协商和集体合同制度的实际效果有待进一步发挥。② 冯钢的两篇文章均认为，在我国经济发展进入市场经济体制以后，工会依然延续了计划经济体制下的做法，企业工会对于企业有一定依附性，代表工人利益时存在现实困境，企业工会所做的工作更多集中在员工福利、职工帮扶和文体活动方面。

刘红霞、宋湛通过对五个城市的市级工会、九家典型国有企业的管理方和工会方及 180 名员工进行典型调查和深度访谈发现，国企工会代表在代表维护职工权益的工作中受到企业管理方的影响较大，协调职能有待加强、未能很好履行自身的监督职能。“调查反映，我国多数国有企业工会仍停留在福利型工会的状态下，主要工作就是发放福利和组织活动，维护职能没有得到完全发挥。”③

游正林通过文献回顾了李立三和赖若愚对工会如何搞生产的探讨过程。在李立三和赖若愚看来，工会如何搞生产的问题，其实是如何提高工人群众的生产积极性或如何提高工人群众的自觉性与觉悟程度的问题。他们所采用的基本手段分为两个方面：一是从物质上关心工人群众的生活，二是对工人群众进行思想政治教育。但在当时特定的社会、经济和政治背景中，不管用哪种手段搞生产都会遇到一些难题。游正林认为当时的探讨对如今如何构建

---

① 冯钢：《SA8000 标准与中国企业工会的“困境”》，《浙江社会科学》2005 年第 1 期。

② 冯钢：《企业工会的“制度性弱势”及其形成背景》，《社会》2006 年第 3 期。

③ 刘红霞、宋湛：《市场化劳动关系下的国企工会职能研究》，《西安外事学院学报》2006 年第 4 期。

和谐的劳动关系仍有重要的启示意义，虽然工会做工人的思想政治教育工作有些“勉为其难”，但做“生活”方面的工作则是他们的分内之事。工会能否履行自己的基本职责，事关和谐劳动关系乃至和谐社会的构建。[①] 在微观层面上，学界对当前国有企业工会的实际运作逻辑进行研究的不多。游正林通过对F厂工会主动介入生产管理过程进行研究，发现F厂工会主动介入生产管理活动主要是出于追求政绩的考虑，这被他概括为“政绩驱动下的工会行动”。游正林分析了企业工会的这种追求绩效的行为，认为其背后的结构性因素如下：一是企业工会的维护职能虽然受到《工会法》等法律的保护，但是职能的发挥仍受到一些部门规章和企业管理层的影响，二是工会拥有介入生产管理过程开展活动的充分理由，三是工会介入生产管理过程开展活动收效快。“虽然F厂工会介入生产得到了企业领导和一线操作职工的认同，但也导致部分职工群众认为工会逐步脱离了自己。从职工的立场看，他们认为该企业工会的行为损害了一些职工的利益，并偏离了工会维护职工利益的组织形象。”[②]

## 三、工会与福利

长期以来，国内对于工会的研究主要来自全国总工会的研究室、全总下属院校中国劳动关系学院和各级工会的相关机构等。主要论述工会如何发挥作用，对工会的深入的实证研究较少，而在福利制度变迁视角下对国企工会福利职能进行的研究则几乎没有。

新中国成立以后，我国由供给制过渡到了计划经济体制，城市居民几乎全部进入工作单位，单位制度全面保障了职工的福利。改革开放后，单位的福利保障功能逐渐弱化，但依然对人们的生活产生了广泛而深刻的影响。研

① 游正林：《工会如何搞生产——李立三、赖若愚的探讨及其启示》，《江苏社会科学》2011年第3期。

② 游正林：《政绩驱动下的工会行动——对F厂工会主动介入生产管理过程的调查与思考》，《学海》2011年第1期。

究中国福利问题的学者黄黎若莲认为“中国的福利系统中有三个重要的组成要素——家庭、集体和国家，这是一个层层联结的运行系统”[①]。她更进一步指出，“对城市居民来说，集体就是指人们的工作单位”[②]。

单位福利的主要执行者就是工会。黄黎若莲在著作中写道：“工会、妇联和青年团这类的群众团体在社会福利中发挥了一定作用，虽然这还不足以构成一个独立的福利系统，但是，它们在社会福利中仍起到了很大的作用”[③]。

对于工会与福利的研究，一般散见于研究中国工业关系、国企变革的著作中，学界较少作出专门论述。在刘爱玉研究国企变革与工人生存行动的论著中，她发现工会在企业中扮演了扶危济困的角色，虽然工会不能解决职工的一些根本性问题，但当职工生活发生困难时，职工仍可以向工会反映，工会可以视其情况给予其适当的补助和救急。“企业工会的存在不是促使集体行动的发生，而是通过保障工人的最基本的生活权利，收集工人意见，预防集体行动的发生。”[④] 国内对于企业工会开展的福利工作尚没有深入研究，只是在一些概论性质的书中有一些简略的总结。孙中范等人认为，在促进工人社会保障权利方面，我国工会一直发挥着特殊而重要的作用。[⑤]

2002年修订的《工会法》以法律的形式对工会“集体谈判”的职能作了规定。郑功成、郑宇硕主编的《全球化下的劳工与社会保障》收录郑秉文的一篇文章，他从“合作主义”的视角分析，提醒我们不仅要从维权的角度来看待集体谈判，也应从社会保障和社会福利的制度层面和总体框架来看待集体谈判的意义和重要性。他认为，2002年修订的《工会法》在客观上为“微观合作主义”的社会保障制度奠定了法律基础。“它已经将我国的社会保障制度‘领进’了现代福利制度框架的门槛。”

① 黄黎若莲著：《中国社会主义的社会福利——民政福利工作研究》，中国社会科学出版社，1995年，第30页。

② 同①，第31页。

③ 同①，第222页。

④ 刘爱玉著：《选择：国企变革与工人生存行动》，社会科学文献出版社，2005年，第170页。

⑤ 孙中范、冯同庆、常凯主编：《新编工会学》，人民出版社，2001年，第225页。

综上所述，国内以往对于中国工会的研究以文献研究居多，缺乏实证性的研究；对全国总工会的地位与作用研究的居多，对企业工会研究的较少；已有的对企业工会的研究只集中在某一时期，缺乏纵贯性的研究；从政治学、社会学角度研究的多，较少对工会的福利职能变迁进行深入研究。

工人的合法权利应该得到保障，工人理应具有其主体地位。在计划经济时期，工人的政治地位较高，享有制度化的福利保障，工会在保障工人福利方面起到了较大作用；而在市场化的改革进程中，由于劳资力量的不对等，工人的保障逐步弱化，利益受损的现象较多。工会作为工人阶级的群众组织，其维护职能的发挥水平与工会得到的保障程度密切相关。为了进一步分析企业工会的地位和职能，本研究将把“承认”的理论观点引入研究之中。

## 第三节　关于承认的研究

所谓“承认（recognition）”，是一个政治哲学和道德哲学概念，其基本含义是指个体与个体之间、个体与共同体之间、不同的共同体之间在平等基础上的相互认可、认同或确认。在全球化多元文化主义发展的背景下，该概念也突出了各种形式的个体和共同体在平等基础上的自我认可和肯定。[①]

“承认”这一术语来自黑格尔哲学，耶拿时期的黑格尔借助费希特的“承认”概念，提出“为承认而斗争”，它与马基雅维利和霍布斯哲学中的“社会斗争”模式发生理论转型。“黑格尔认为主体之间为承认而进行的斗争产生了一种社会的内在压力，有助于建立一种保障自由的实践政治制度。个体要求其认同在主体之间得到的承认，并从一开始就将其作为一种道德紧张关系扎根在社会生活之中，使其超越了现有的一切社会进步制度标准，通过不断冲突和不断否定，渐渐地通向一种自由交往的境界。黑格尔把人与人之间冲突的根源追溯到道德冲动那里，而不是追溯到自我持存动机那里。由于黑格

① 周穗明：《N. 弗雷泽和 A. 霍耐特关于承认理论的争论——对近十余年来西方批判理论第三代的一场政治哲学论战的评析》，《世界哲学》2009 年第 2 期。

尔在此之前已经把斗争行为解释成一种对于社会承认关系的干扰和侵犯，因此，他会在斗争中发掘出人类精神伦理形成过程的中心媒介。”①

黑格尔的“为承认而斗争”的学说在他之后的一百年间罕有学者的回应，直到20世纪，科耶夫、泰勒、霍耐特等人才对此进行了认真的研究。法兰克福大学社会学研究所“第三代”核心人物霍耐特（Axel Honneth）的代表作《为承认而斗争》继承了黑格尔的传统，运用米德（G. H. Mead）的社会心理学改造了黑格尔的承认学说。在霍耐特的承认理论形成与发展过程中，哈贝马斯、福柯、黑格尔、米德以及泰勒等人对其产生了较大影响。②

霍耐特提出了三种主体间承认的形式：爱、权利与团结，承认的方式分别为情感上支持、认识上尊重、社会交往中重视，实践自我关系分别为基本自信、自尊、自重。各自对应的蔑视形式分别为虐待、强奸，剥夺权利、排斥，诽谤、伤害。蔑视体验是社会反抗的道德动机。

霍耐特在《为承认而斗争》一书中，对早期黑格尔的“承认”学说有所继承，但也在其基础上提出了自己的“承认”理论。正如希濮的分析那样，“霍耐特秉承了费希特和黑格尔的传统，在哲学上使用‘承认’的概念，其特殊之处在于它涉及自我意识的相互建构过程。黑格尔对‘为承认而斗争’概念中包含的相互否定和自我克服的意愿作了抽象的理解。在他那里，最为根本的是，自我否定和他人否定的要素结构性地隶属于自我意识的发展，即自我意识通向自主性的发展并整合到理性国家的共同体之中。对霍耐特而言，对承认的否定或伤害首先是争取重新获得承认的斗争的原因和动力，至于相互的否定和自我克服是否反而是自我实现的必要要素，这个问题在他那里并不是十分清楚”。③

查尔斯·泰勒（Charles Taylor）与霍耐特的思想互为影响但又各持不同

---

① 阿克塞尔·霍耐特著：《为承认而斗争》，胡继华译，上海人民出版社，2005年，第9—10页。

② 王凤才：《霍奈特承认理论思想渊源探析》，《哲学动态》2006年第4期。

③ 路德维希·希濮著：《“为承认而斗争”：从黑格尔到霍奈特》，罗亚玲译，《马克思主义与现实》2010年第6期。

的观点，泰勒在《承认的政治》中写道：对于承认的需要，有时候是对承认的要求，这已经成为当今政治的一个热门话题。我们的认同部分是由他人的承认构成的，同样的，如果得不到他人的承认，或者只是得到了他人扭曲的承认，这会对我们的认同构成显著的影响。所以，如果围绕着一个人或一个群体的人群和社会向他们反射出来的是一幅表现他们自身狭隘、卑下和令人蔑视的图像，那么他们会遭受到实实在在的伤害和歪曲。这就是说，如果得不到他人的承认或只是得到了扭曲的承认，这会对人造成伤害并成为一种压迫形式，它能够把人囚禁在虚假的、被扭曲的和被贬损的存在方式之中。① 这样的表述反映出泰勒对于蔑视、承认的观点与霍耐特具有相似性。但是与霍耐特的承认理论相比，泰勒对于承认的政治论述有三个侧重点：一是从承认与认同的内在关联出发，探讨承认话语是如何形成的；二是区分承认话语的两个领域，并集中在公共领域分析平等政治的两种类型；三是揭示尊严政治和差异政治的缺陷，阐发承认政治的可能性。②

法国著名哲学家、文艺理论家保罗·利科（Paul Ricoeur）则认为承认概念具有复杂性和多义性，他追根溯源地考察了“承认”一词的词义演变过程，展现了“承认”一词的有规则的多样性及其与思想史事件的对应关系。他提出了关于“承认”一词从主动态用法倒转为被动态用法的工作假设。利科将承认的过程划分为三个阶段：作为认同的承认、对自我的承认、相互承认。③

作为西方批判理论的领军人物之一的美国女学者南茜·弗雷泽（Nancy Fraser）与霍耐特的思想有一致之处，但亦有很大分歧。在霍耐特的承认理论中，他提倡承认的“规范一元论”，将承认构想为基础性的、统摄性的道德范畴，而将分配视为派生物，他把再分配的社会主义理想重新解释为承认斗争的一个亚种。而弗雷泽否认再分配能被包含在承认之下，她提出了一种“观点二元论”的分析，将“规范一元论”和“观点二元论”这两个范畴设计为

① 汪晖、陈燕谷著：《文化与公共性》，生活·读书·新知三联书店，2005年，第290—291页。

② 王凤才：《从霍耐特承认理论到泰勒承认政治构想》，《哲学动态》2007年第9期。

③ 保罗·利科著：《承认的过程》，汪堂家、李之喆译，中国人民大学出版社，2011年，第3页。

具有共同基础和互相不可化解的正义维度。[①] 两人之间围绕这个分歧的激烈辩论和彼此批评在《再分配还是承认——一个政治哲学对话》一书中展现无遗。霍耐特的论述把承认这一问题置于“自我实现”的背景环境中，但弗雷泽把承认问题置于社会公正的框架内。弗雷泽的分配和承认的“观点二元论”在《正义的中断——对“后社会主义”状况的批判性反思》一书中有清楚的表述，她认为在“后社会主义”状况中，许多行动者似乎正在从社会主义的政治想象（其中正义的核心问题是再分配）转向“后社会主义”的政治想象（其中正义的核心问题是承认）。再分配和承认似乎只能选择其一，但她假设今天的正义既需要再分配也需要承认。[②] 她区分了植根于社会政治经济结构的社会经济非正义和植根于再现、解释和交往等社会模式中的文化非正义，认为二者都植根于制度性地使一些人群处于不利地位（相对于其他人群而言）的过程和实践，因此，应该对二者进行矫正。[③]

自黑格尔之后，承认理论经历了约一个世纪的沉寂，随着全球化的进程和西方多元文化主义思潮的崛起，20 世纪 90 年代以来，承认理论又成了西方学术界的热点之一，而它在中国则是在近几年才被引起关注。目前所能看到最早的关于承认理论的文章是 2006 年王凤才的论文[④]，此后，他的多篇论文都在围绕霍耐特的承认理论来论述。[⑤] 他在对承认理论进行深入研究的基础上，提出了霍耐特实现了批判理论“政治伦理转向”的观点，他认为霍耐特承认理论及其多元正义构想标志着批判理论的“政治伦理转向”最终完成。“尽管霍耐特徘徊于批判理论与后批判理论、理想主义与现实主义、一元主义与多元主义之间，但是最终从批判理论走向了后批判理论。”[⑥] 近年来，有更

① 南茜·弗雷泽、阿克赛尔·霍耐特著：《再分配，还是承认——一个政治哲学对话》，周穗明译，上海人民出版社，2009 年，第 2 页。

② 南茜·弗雷泽著：《正义的中断——对“后社会主义”状况的批判性反思》，于海青译，上海人民出版社，2009 年，第 2 页。

③ 同②，第 29 页。

④ 王凤才：《霍耐特承认理论发生学探源》，《马克思主义与现实》2006 年第 2 期。

⑤ 王凤才：《美国实用主义对霍耐特的影响》，《云南大学学报（社会科学版）》2010 年第 4 期。

⑥ 王凤才：《霍耐特与批判理论的“政治伦理转向”》，《现代哲学》2007 年第 3 期。

多的学者开始研究承认理论,[①] 由上海人民出版社推出的《今日西方批判理论》丛书为中国学者了解和研究承认理论提供了丰富的思想资源。该套丛书除了以上提到的《正义的中断》、《再分配，还是承认》之外，还包括《正义的尺度》、《伤害 + 侮辱》。

通过查阅文献可以发现，国内目前对承认理论的研究正处于引进、梳理和对承认理论内部的不同观点进行比较的阶段，其中主要围绕霍耐特和弗雷泽的理论来进行研究，偏重于理论层面，鲜有利用承认理论来分析现实问题的。同时，随着市场经济的发展，国内劳资矛盾凸显，出现了一些过分强调经济发展而使群体利益受损、弱势群体受到社会排斥的情况，承认理论有着广阔的分析和应用空间。在本研究中，承认理论也可以作为分析工会地位、工人地位的一个角度。

① 王才勇:《承认理论的现代意义辨析》,《马克思主义与现实》2010 年第 6 期。

# 第三章　研究方法与分析框架

## 第一节　研究方法

根据本研究的主题和特点，在研究方法上笔者选择了质性研究方法。质的研究具有自然主义的探究传统、对意义的“解释性理解”、研究是一个演化发展的过程、使用归纳法、重视研究关系的特点。[①] 与定量研究方法相比，质性研究方法获得的质性资料具有如下特点：质性资料具有扎根性、丰富性与整体性，更有可能展现调查对象的复杂性；质性资料的搜集通常都会持续一段时间，因此，这类资料适合研究任何过程（包括历史在内）；质性资料不只可以对研究对象的“什么”或“多少”做出“快照”，更可以探究事件究竟如何与为何发生，甚至还可以评估因果关系，显示研究对象在某个特定情境里因果关系运作的情形。质性资料着重收集研究对象“活生生的经验”，适合用以开展针对研究对象的持续性研究。此外，质性资料还具有三个功能：一是适合用来发展研究假设，二是适合用来检验研究假设，三是用来适合辅助量化资料。[②] 本研究意图运用质性研究方法，通过对中国国企工会不同历史阶段行使参与职能和福利职能的状况进行研究，分析影响国企工会角色和地位变迁的深层因素。

---

① 陈向明著：《质的研究方法与社会科学研究》，教育科学出版社，2006 年，第 7—9 页。

② Matthew B. Miles，A. Michael Huberman 著：《质性资料的分析：方法与实践》，张芬芬译，重庆大学出版社，2008 年，第 2 页。

## 一、收集资料的方法

本研究的研究方法采用的是个案研究。个案研究是对单一的研究对象进行的深入而具体的研究。个案研究在研究内容上具有深入性和全面性的特点。在时间上，既可以研究个案的现在也可以研究过去。本研究以国有企业工会作为研究个案，通过对国有企业工会过去和现在的职能发挥进行比较，并得出结论。国有企业工会的职能通过调查工会干部的行动体现出来，调研时主要用访谈法，以多名工会干部作为访谈的个案来收集资料。本研究收集资料的方法采用深度访谈法、观察法与文献法。

### （一）深度访谈法

访谈法是本研究收集资料的主要方法。访谈是质的研究中最重要的一种收集资料的方法。访谈是一种研究性交谈，是研究者通过口头谈话的方式从被研究者那里收集（或者说“建构”）第一手资料的一种研究方法。[①] 本研究的研究对象是国企工会，工会是社会组织，它的角色和地位如何，要通过工会干部的具体行动体现出来，行动背后有着行动者的判断和思考，这些丰富的资料要靠深入的访谈才能获得。在本研究中，笔者采用的是半结构型访谈。在半结构型访谈中，研究者对访谈的结构具有一定的控制作用，但同时也允许受访者积极参与。通常，研究者事先备有一个粗线条的访谈提纲，根据自己的研究设计对受访者提出问题。但是，访谈提纲主要作为一种提示，访谈者在提问的同时鼓励受访者提出自己的问题，并且根据访谈的具体情况对访谈的程序和内容进行灵活的调整。[②]

“通过访谈，研究者可以了解受访者的所思所想，包括他们的价值观念、情感感受和行为规范，了解受访者过去的生活经历以及他们耳闻目睹的有关

---

① 陈向明著：《质的研究方法与社会科学研究》，教育科学出版社，2006 年，第 165 页。

② 同①，第 165 页。

事件，了解他们对这些事件的看法和解释；可以获得对研究现象的一个比较广阔、整体性的视野，从多重角度对事件的过程进行深入细致的描述；可以为研究提供指导、事先了解哪些问题可以进一步追问，哪些问题是敏感性问题，需要特别小心；可以帮助研究者与被研究者建立人际关系，使双方的关系由彼此陌生变成相互熟悉、相互信任；可以使受访者感到更加有力量，因为自己的声音被别人听到了，自己的故事被公开了，因此有可能影响到自身文化的解释和构建。”①

本研究的访谈对象为不同时代的国企工会干部，找到他们并进行访谈的过程并不顺利。首先研究的历史跨度长，年龄大的工会干部不容易找到；其次在职的工会干部接受访谈又有很多顾虑。

在开始此项研究的时候，研究中一个很大的困难就是寻找访谈对象。虽然笔者的工作单位是工会院校，可以通过官方渠道接触到工会干部，但因为与调查对象有上下级的关系，他们比较拘束，会对访问者进行比较官方的介绍，很难挖掘到真实的想法和看法。同时，因为笔者研究的是国企工会的变迁，还要设法找到年老的五六十年代的基层工会干部，他们现在年龄大多都在70岁以上了。要找到愿意接受笔者的访谈，同时思维比较清晰、记忆力尚好的年老的工会干部，也非常不容易。而且进入企业，不像进入农村那么便利，调查对象也不愿意谈及工会的话题，因此在很长一段时间里，笔者都在寻找可以进行研究的企业，寻找愿意接受访谈的各个年代的工会工作人员。

最终，笔者选择通过私人关系，由熟人介绍进入企业或找到工会干部，通过多位熟人帮忙介绍了不同行业的国企工会干部，多条线索分头进行。笔者在与第一个工会干部访谈之后，由于笔者与其建立了比较好的关系，因此在此之后笔者又用滚雪球的方法，请他给笔者介绍了另外一位企业工会干部，然后通过下一位工会干部，再介绍一位工会干部给笔者。通过这个方法，笔者在服务行业找到了五位工会主席，调查涵盖了新中国成立以来一直到2007年间的工会工作。

---

① 陈向明著:《质的研究方法与社会科学研究》，教育科学出版社，2006年，第169—170页。

在铁路系统，笔者找到了四位工会干部，其中除了三位是现任的工会干部以外，还有一位是20世纪60年代的工会副主席（他到20世纪80年代中期才退休），他先后接受了笔者六次访谈，每次访谈时间为2—3小时。整个研究期间，笔者访问了18位工会干部，职务有城区的工会主席，公司的工会主席、工会副主席、工会办公室主任、车间的工会主席、公司的女工副主任、工会生活委员。为了调查对象的全面性，笔者还访问了四名职工，其中包括一名已经82岁的20世纪60年代的困难职工，他接受了笔者的两次访谈，考虑到他的身体原因，每次访谈约1个小时。本研究所访谈的工会主席，有的曾做过普通职工，对职工的状况比较了解。

本研究中接受访谈的工会干部分布于11个企业，这些企业涉及制造业、服务业、运输业、建筑业等行业，其中绝大部分都是新中国成立后就建立的国企，它们历史悠久，虽然也经历了改革转型，但是国有股份仍占公司股份的半数以上，都是比较有代表性的经过改制的国有企业。研究中一个典型的企业是BE公司，其在新中国成立以前就存在，至今已经有115周年的历史。企业在改组之前的名称为BE厂，属于制造业。2008年因集团公司重组改制，该企业更名为BE有限公司。截至2008年年底，公司在册人数4231人，工会组织较为健全，工会工作成绩突出，曾多次获得“全国模范职工之家”称号。

在研究中，研究者进入工厂调研一般存在较大难度，笔者通过熟人介绍得以进入工厂调研，并得到了企业工会干部的支持。在BE公司中，笔者不仅多次访谈了退休的工会副主席（访问时，该调查对象已经76岁了，他在1960—1966年间担任厂车间工会主席，1980—1994年间一直在厂工会担任工会副主席），还五次访问了现任的工会办公室主任（该研究对象自1988年进企业工作，2002年担任企业工会办公室主任至今）。BE公司有38个支会，笔者访问了两个支会（车间）的工会主席。其中一个支会有职工352人，占到工厂利润的80%，笔者对其工会主席进行了六次访问。除此之外，笔者还对该企业的年长困难职工及车间女工委员进行了访谈。

由于许多工会干部平时工作都比较忙，调研要约到他们合适的时间，还要在笔者的工作时间之外才可以，笔者很难开展连续调研，而是通常一两周才能前往调研一次。有的企业位置偏远，在路上就要花费两个小时的时间，去工会干部家里也要花费在路上很长时间，并且年龄大的工会干部都有自己的生活规律，接受访谈的时间不能太久，所以有时去一次还没聊多深，访谈时间就到了，只能再约下次。因此，笔者自2008年开始进行试调查，通过大致了解调研情况，制定访谈提纲并修改提纲，确定提问的重点，在收集资料上持续了一年多的时间。

在访谈中，笔者深刻地感受到同访谈对象建立信任的关系很重要，通常刚见面时，工会干部都会比较客气，有的会给笔者一些文件，说你拿去看看就行了；或者在介绍他们工作内容的时候，说法跟文件上写的差不多，语气和语调也非常地官方。而当笔者表现出笔者的诚意以及对他们的理解，随着访谈时间的深入，他们则会跟笔者讲出一些不一样的内容。每次访谈时笔者都会告诉访谈对象，因为研究的原因，笔者要把访谈内容录音，在征得他们的同意后，笔者才开始录。但有的工会干部在说到一些话题时会很警惕，会让笔者先关上录音机才发表意见。遇到这种情况，笔者只有用笔或用大脑记下来，同时也向他们保证，笔者在写文章时会采取措施，保护访谈对象的隐私。访谈对象们虽分属不同行业和企业、性格和性别也都有所不同，但在对工会的认识和评价上，同时代的人的看法和说法都非常相似，甚至有的话语都一样。

工会干部们给笔者提供了丰富的研究资料，仅录音资料转录字数就达到了120多万字。以下是访谈对象和访谈情况的简介：

| 姓名代称 | 性别 | 退休/在职 | 身份 | 访谈地点 | 访谈时间 | 访谈总时长 |
|---|---|---|---|---|---|---|
| ZSL | 女 | 退休 | 区工会主席 | 访谈对象家中 | 2010. 12. 20、2010. 12. 30 | 4小时16分 |
| CYL | 男 | 退休（再就业） | 某厂工会主席 | 访谈对象办公室 | 2009. 4. 15 | 1小时55分 |

续表

| 姓名代称 | 性别 | 退休/在职 | 身份 | 访谈地点 | 访谈时间 | 访谈总时长 |
|---|---|---|---|---|---|---|
| SXR | 男 | 退休 | 某厂工会副主席 | 访谈对象家中 | 2009. 7. 18 | 6 小时 |
| ZQ | 男 | 退休 | 某厂工会副主席 | 访谈对象家中 | 2010. 9. 2<br>2010. 9. 8<br>2010. 9. 16<br>2010. 10. 22<br>2010. 10. 29<br>2010. 12. 1 | 12 小时 |
| ZXZ | 男 | 退休 | 某公司工会主席 | 访谈对象家中 | 2009. 3. 9<br>2009. 3. 17<br>2009. 3. 23 | 11 小时 43 分 |
| GYT | 女 | 退休（再就业） | 某公司工会副主席 | 访谈对象办公室 | 2009. 4. 12 | 3 小时 23 分 |
| GX | 女 | 退休（再就业） | 某公司分厂工会主席 | 访谈对象办公室 | 2009. 4. 19 | 2 小时 25 分 |
| ZSF | 女 | 退休（再就业） | 某公司分厂工会主席 | 访谈对象办公室 | 2009. 4. 20 | 2 小时 19 分 |
| XRK | 男 | 退休 | 某产业工会宣传委员 | 访谈对象家中 | 2009. 4. 11 | 2 小时 21 分 |
| LZ | 男 | 退休 | 某厂普通职工 | 访谈对象家中 | 2010. 12. 8<br>2010. 12. 31 | 2 小时 53 分 |
| ZW | 男 | 在职 | 某公司工会办公室主任 | 访谈对象办公室 | 2010. 4. 15<br>2010. 4. 22<br>2010. 7. 30<br>2010. 11. 3<br>2010. 11. 24 | 6 小时 41 分 |
| WQ | 男 | 在职 | 某公司车间工会主席 | 访谈对象办公室 | 2010. 11. 4 | 1 小时 17 分 |
| LYY | 女 | 在职 | 某公司车间主席 | 访谈对象办公室 | 2010. 4. 22<br>2010. 4. 29<br>2010. 5. 13<br>2010. 7. 21<br>2010. 8. 30 | 9 小时 51 分 |

续表

| 姓名代称 | 性别 | 退休/在职 | 身份 | 访谈地点 | 访谈时间 | 访谈总时长 |
|---|---|---|---|---|---|---|
| LXJ | 男 | 在职 | 某公司工会主席 | 访谈对象办公室 | 2009. 4. 8 | 3 小时 01 分 |
| YZ | 男 | 在职 | 某公司工会副主席 | 访谈对象办公室 | 2009. 4. 3 | 1 小时 41 分 |
| XL | 女 | 在职 | 某公司工会女工副主任 | 访谈者办公室 | 2008. 11. 23 | 2 小时 40 分 |
| BXP | 女 | 在职 | 某集团公司工会生活委员 | 访谈对象办公室 | 2010. 9. 9 | 1 小时 44 分 |
| XZX | 女 | 在职 | 某集团公司工会主席 | 访谈对象办公室 | 2010. 11. 18 | 2 小时 03 分 |
| ZZX | 男 | 在职 | 某集团分公司工会主席 | 访谈对象办公室 | 2011. 11. 20 | 1 小时 56 分 |
| NG | 女 | 在职 | 某公司车间女工 | 车间工会办公室 | 2010. 7. 21 | 1 小时 |
| YL | 男 | 在职 | 某公司普通职工 | 访问者办公室 | 2010. 12. 3 | 1 小时 |
| ZX | 男 | 在职 | 某公司普通职工 | 访问者办公室 | 2011. 3. 2 | 1 小时 40 分 |

### （二）文献法与观察法

辅助的收集资料的方法为文献法。文献有助于开拓研究思路，给研究者提供丰富的分析资料。本研究收集的文本资料包括全总历次代表大会报告、全总领导在重要会议上的讲话、党的领导人针对工会工作的讲话、新中国成立以来的《工人日报》、《中国工运》等报刊资料、全总自 1982 年以来组织的六次全国职工队伍调查资料、调研企业历年来的工会工作资料（如工会年度工作报告、工会工作目标管理实施细则、员工生活困难救济办法、“爱心助学活动”管理办法、困补会公示、工会资产管理办法等）。在有近 120 年历史的 BE 公司中，笔者从企业的档案室收集到了 1980—2006 年间的工会文献，其中包含了分房制度、历届职代会记录、历任厂长和工会的工作报告、厂里的规章制度、工会财务、工会组织资料统计等文献。

另一个辅助方法为观察法，运用观察法可以收集到访谈法和文献法不太可能触及到的细节及一些不可言说的内容。笔者运用观察法主要是通过去企业观察工会干部的日常工作、与工会干部一起探望困难职工、参与工会组织的文体活动等实现的。

## 二、整理和分析资料的方法

收集资料的过程要克服很多困难，但整理和分析资料更为艰难。每一次访谈回来，笔者都及时记录感想，反复听访谈录音，在电脑上进行转录，在转录中再一次经历访谈的过程。笔者此时不像做访谈时那样紧张，在访谈中，笔者的精力高度集中在问问题和倾听访谈对象的话语上，而转录时笔者可以在更为理性的层面上思考话语传递出的更丰富的信息以及未曾言说的信息。在转录过程中，笔者可以发现有哪些问题需要追问，哪些主题会被访谈对象反复提及。如果需要重访，笔者就联系访谈对象，再约时间访谈。由于转录很耗时费力，除了自己做这项工作之外，笔者还找了一些大学生协助转录。在他们转录完以后，由笔者进行审查。经过资料整理，这次研究所有的访谈被整理出 120 多万字，笔者自己感觉像是面对一片汪洋，一度被湮没其中，这时候资料的简化就特别重要。资料简化是指将清理过的札记或访谈誊录稿之中的资料予以选择、聚焦、单纯化、抽象化与转化的一种过程。① 笔者对所有的访谈资料进行反复的阅读，一边阅读一边记录感想，对原始资料进行编码，寻找被研究者经常使用的本土概念，并把相同主题的资料进行归类和深度分析。其实在资料简化的阶段，分析已经在进行，它们不是分离的过程。正如 Huberman 所说，资料简化、资料展示、结论的引出与证明，它们其实是同时进行的，在资料搜集的前、中、后阶段互相纠结在一起，共同构成了一个领域，也就是所谓的分析。② 若以

① 陈向明著：《质的研究方法与社会科学研究》，教育科学出版社，2006 年，第 17 页。
② 同①，第 18 页。

信度与效度等传统词汇来看，质性研究的发现会受到严重的质疑。[①] 因此，本研究找到的保证效度的方法就是“三角检测”法，把同一个问题在不同企业中询问不同的工会干部，检测同时代的工会干部表述是否会有大的差异，也通过询问职工以及查看文献来互为检测。

## 第二节 论文分析思路与框架

本研究从工会的参与职能和福利职能两个角度来描述国有企业工会从计划经济时期到市场经济时期角色和地位的变化，分析不同时期企业（厂方）[②]、工会、工人的关系，指出在市场化转型中工会的地位和作用及存在的问题，揭示关系变化背后的原因，进而与相关研究进行对话。

### 一、概念界定

#### （一）福利职能

工会自上而下被赋予了多项职能，新中国成立以后，中国工会所采取的工会模式是在两种功能中强调生产功能的“以生产为中心的生产、生活、教育”三位一体的模式。1988 年工会十一大又确定了工会维护、建设、参与、教育四项社会职能。

2001 年修订的《工会法》规定，维护职工合法权益是工会的基本职责。工会在维护全国人民总体利益的同时，代表和维护职工的合法权益。工会通过平等协商和集体合同制度，协调劳动关系，维护企业职工劳动权益。具体说来，工会的维护职能即工会维护职工的经济利益、政治权利和民主权利的职能，其内容包括就业、工资、劳动工时、劳动保护、劳动报酬、休息休假、医疗保险、养老保险等，这些可以看作是广义上的福利。

① 陈向明著：《质的研究方法与社会科学研究》，教育科学出版社，2006 年，第 2 页。

② 在后文中有用到企业行政、企业管理层、企业管理者，均表示同一范畴。

但是，基于对国有企业工会的调研和文献研究，当职工权益受到侵害时，国有企业工会由于其与企业管理层之间的管理，在行使维权职能时有一定的难度，因此，相对于维护职能，国有企业的工会更强调福利的职能。国企工会一直具有福利传统，在工会系统内部，福利工作中一般不用“福利工作”一词，而是“生活保障工作”。《工会法》第六条规定，工会必须密切联系职工，听取和反映职工的意见和要求，关心职工的生活，帮助职工解决困难，全心全意为职工服务。关心和改善职工生活，一直是工会工作的重要内容。工会工作包罗万象，但职工生活工作是工会工作的重要组成部分。关心和改善职工的生活，是由工会的根本性质所决定的，是关系到工会能否紧密联系和团结职工群众的大事。① 广义的职工生活包括职工的政治生活、经济生活、物质生活、文化生活和社会生活等各个方面；狭义的职工生活则单指职工在社会劳动关系中涉及的物质生活及其相关的福利。按照工会传统分工方法，职工生活工作通常指的是后者，即工会组织依照国家法律法规和工会章程的规定，密切注意职工生活愿望和要求，努力保障职工的福利，关注改善职工的劳动条件、居住条件、饮食条件和卫生条件，维护职工的合法权益，切实为职工排忧解难。②

全国总工会将新时期工会的生活保障工作内容界定为：参与有关社会救助、社会福利方面法律法规和政策的研究与制定；监督和推动各项社会救助、社会福利法规政策的贯彻落实；深入开展各种形式的扶贫帮困活动。③

“福利”是国际上通行的学术概念，在国内也被学界广泛使用，所以本研究用“福利”一词来取代“生活保障”一词。在中国，社会福利的内涵是独特的，“福利”这个名词与生活待遇和救济相提并论，特别指与支援有特殊困难的群体相关的工作和服务。④ 本研究界定的工会的福利职能比全国总工会所界定的范围要广泛，从广义上将工会的福利职能界定为：工会关心职工生活，为解决

① 中华全国总工会编：《中国工会百科全书（下卷）》，经济管理出版社，1998年，第1244页。

② 同①，第1223页。

③ 中华全国总工会编：《工会保障工作概论》，中国工人出版社，2008年，第174—176页。

④ 黄黎若莲著：《中国社会主义的社会福利——民政福利工作研究》，中国社会科学出版社，1995年，第4页。

职工生活困难及提高职工生活质量而进行的物质帮助和提供服务的功能。

在对工会的福利职能进行研究时，笔者通过参考吉尔伯特对于社会政策的分析框架来进行研究。[①] 在津贴分配框架中，社会福利政策可以被视为那些决定提供什么津贴、为谁提供、如何提供、如何筹集资金之原则之间的选择。在这个框架中，选择维度可以用四个问题来表达：第一，何为社会分配的基础？第二，何为所分配之社会福利品的类型？第三，何为提供这些福利品的策略？第四，何为这些福利筹集资金的方式？这四个问题可以通俗地表示为：给谁？给什么？如何提供？如何筹资？通过这四个维度，笔者试图探讨国家、工会、工人关系出现的变化，围绕研究的主线来探索研究目的。

### （二）参与职能

《工会法》第六条规定，工会依照法律规定通过职工代表大会或者其他形式，组织职工参与本单位的民主决策、民主管理和民主监督。

由于工会的职能没有明确的边界，在实际工作中工会的参与职能和福利职能互有交叉，因此本研究将工会的福利职能定义为工会传递给职工的，提升或改善职工生活的物质、金钱和服务，主要涉及工会与职工的关系；而将参与职能定义为工会代表职工参与企业的生产管理、主要涉及工会与企业管理者的关系。

### （三）自主性

社会组织的自主性指其独立开展活动的能力和倾向。自主性有“强弱”之分。工会作为具有社会属性的组织，理想状况下，工会组织在资金来源、人员设立上完全自主，开展活动完全从工会会员角度出发，不受别的组织的干预，即工会的强自主性；而当其不能完全独立自主地开展工作，只能在一定程度上代表会员的利益，则其强自主性程度就会降低。在总体性社会中，

---

① Neil Gilbert，Paul Terrell 著：《社会福利政策导论》，黄晨熹 周烨 刘红/译，华东理工大学出版社，2003 年，第 83 页。

企业工会虽然与企业管理层关系密切，但它在维护职工权益方面仍具有自己的自主性，可以在某些方面参与企业管理、维护工人的利益。

综上所述，本研究分为两段，以参与职能和福利职能作为维度来研究国企工会自主性的变化过程。由于在企业场域中，工会的活动将由工会干部来体现，不管他们是在行使工会的参与职能还是福利职能，他们都必然要与企业管理层和工人发生交往，所以在每个阶段，工会、职工、企业三者之间的关系将会呈现和讨论：工会的参与职能更多体现的是工会与企业的关系，福利职能更多体现的是工会与职工的关系。

## 二、论文分析框架

本文对改革前后的工会参与职能与福利职能的变迁进行研究，研究框架如下：

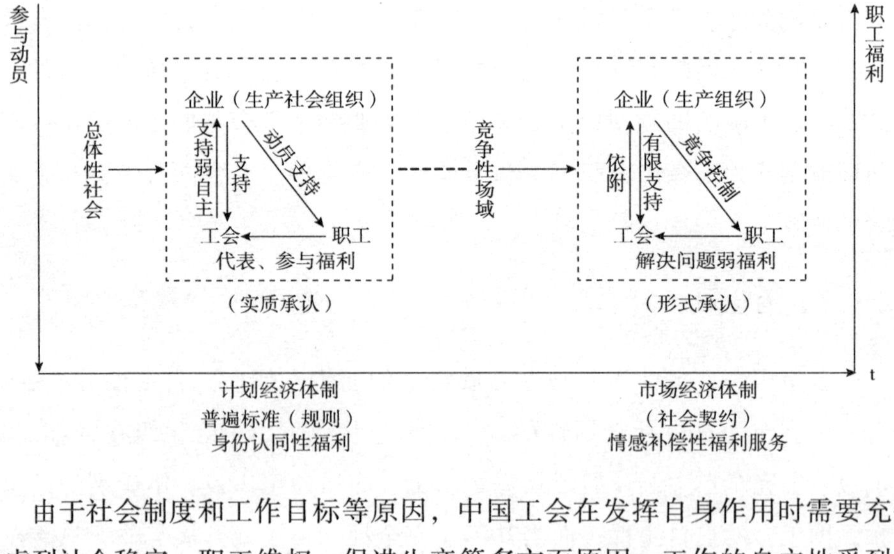


由于社会制度和工作目标等原因，中国工会在发挥自身作用时需要充分考虑到社会稳定、职工维权、促进生产等多方面原因，工作的自主性受到一些因素的影响，但这并不意味着其没有发挥自主性的空间。用自主性概念来分析改革前后的中国国企工会的变迁，我们将会发现国企工会的自主性的变化过程，进而可以分析其深刻的影响因素。

本文以国企工会的参与职能与福利职能的变迁为研究内容。研究时段为新中国成立后至今，根据中国经济政策和国企的变革，将分为两个阶段：计划经济时期，侧重在1949—1966年；市场经济时期，侧重在1997年之后。[①] 国企工会处于国家整个的政治经济体制之中，对微观层次上的国企工会的研究，将在宏观大背景之下展开。而宏观层次上中国的变迁也会通过微观层次上对国企工会的剖析透视出来。

计划经济时期，中国社会处于总体性社会中，企业既是生产组织，又是社会组织。为了完成国家计划，企业需要动员工人搞生产，国家指定企业为工人提供保障，在生活上提供支持。工会代表职工参与企业的生产管理，为职工发放福利，关心工人的生活。这一时期，党和工会十分重视工人的地位和作用，工人也真正拥护政府和工会的领导，他们互相之间是实质承认的关系。

市场经济时期，中国社会由总体性社会转变为去总体性社会，国家对国企放权，增加了国企管理者的自主性，企业不再是社会组织，而是成了一个单纯的生产组织。企业以市场竞争的逻辑管控工人，在生产上和管理上用严格的规章制度规范工人的行为。工会与职工之间以事务性工作为主，不主动介入工人的生活，而是在工人有需求或困难时帮着解决问题或进行安抚，职工在企业决策中的影响力下降。由于工会在职工管理中的特殊地位，企业会对工会给予一定的物质上和制度上的支持，但具体的支持力度要视管理者的个人意识和企业效益而定，工会对企业表现出较强的依附性，与工人出现一定的情感疏离的情况，工会与工人之间出现一定的形式承认特点。

① “文革”期间工会系统受到影响，故本研究不涉及那个时段。

# 第四章　计划经济时期的国企工会

1949年，中国共产党建立了以工人阶级领导的、以工农联盟为基础的人民民主专政政权；1949—1952年是国民经济的恢复期，党和国家确立了工业化的道路，在国家实现公私合营后，国营经济在国家中占据了领导地位；1953年党和国家提出了过渡时期的总路线，"一五计划"、"二五计划"全面展开。这个时期国家建立了计划经济体制，工人阶级成为被依靠的对象，企业工会比较多地参与生产管理，在职工福利方面也发挥了较大作用。

## 第一节　国企工会外部环境

### 一、中国的政治和经济体制

经过八年抗战和三年内战，在中国革命即将取得最后胜利的关头，中共中央于1949年3月5—13日在西柏坡召开了第七届中央委员会第二次全体会议。毛泽东在七届二中全会上讲话并代表中央政治局作了《在中国共产党第七届中央委员会第二次全体会议上的报告》。在报告中决定把党的工作重心从乡村转向城市，实行由城市领导乡村的方式。会议根据毛泽东的报告精神，着重讨论了如何实现党的工作重心转变的问题，认为党必须用极大的努力来学会领导城市人民进行胜利的斗争，学会管理城市和建设城市。在领导城市人民的斗争中，党必须依靠工人阶级。七届二中全会指出了中国由农业国转变为工业国、由新民主主义社会转变为社会主义社会的发展方向，具有重大的历史意义。

1949年10月，中国共产党建立了工人阶级领导的、以工农联盟为基础的人民民主专政政权。新政权一方面进行社会改造，另一方面着力进行经济建设。1949—1952年是中国国民经济的恢复期。1952年年底，毛泽东提出"一化三改造"的过渡时期总路线。1953年，中国开始了以实施发展国民经济第一个五年计划为中心的大规模经济建设。党正式提出逐步实现国家的社会主义工业化，逐步实现国家对农业、手工业和资本主义工商业的社会主义改造的过渡时期总路线，并把这条总路线作为党和国家一切工作的指针。由此，中国进入了有计划的经济建设和全面实行社会主义改造的时期。①

自鸦片战争以来，追求民族独立、国家富强已成为国人梦寐以求的愿望，工业化被认为是强国的必由之路。中国共产党坚定地选择社会主义工业化道路既是学习苏联的结果，也是内忧外患历史形势下的必然选择。新中国成立初期，中国国内经济基础薄弱，国外有帝国主义的经济封锁，唯有加快推进社会主义的工业化，才能赢得经济上的独立。这既是综合各种因素后的选择，也是中国共产党证明自身执掌政权能力及合法性的需要。

中国的第一个五年计划确立了优先发展重工业的战略，"一五计划"是在编制过程中逐步开始实施的。为了组织推动大规模经济建设的开展，中央采取一系列措施，从上到下建立集中统一的计划经济机构，深入进行增产节约运动，开展技术革新和劳动竞赛，发行公债为国家建设筹集资金，通过制订年度计划加强对经济工作的领导和调整，确保"一五计划"的实施。②

1956年1月1日，我国进行第一个五年计划的第四年，《工人日报》头版刊登《人民日报》社论，标题为《为全面地提早完成和超额完成五年计划而奋斗》。

---

① 中共中央党史研究室编：《中国共产党历史第二卷（1949—1978）》，中共党史出版社，2011年，第182页。

② 同①，第211页。

社论中写道，第一个五年计划，规定五年内全国经济建设和文化教育建设的支出总额为766.4千万元，折合黄金7万万两以上。在此期间，工业总产值平均每年递增14.7%，农业及其副业的总产值平均每年递增4.3%。这是社会主义的速度，是任何资本主义国家所不能达到的速度。①

考虑当时中国薄弱的经济基础，第一个五年计划的目标定得很高。中国共产党出于建设社会主义的迫切性，急于证明社会主义的优越性，不仅要求组织号召人民完成这个目标，还要求要全面提早完成和超额完成这个目标，因此这个任务需要团结全国人民，尤其是要团结工人，激发他们的积极性和劳动干劲。翻阅当时的《工人日报》，其标题大多都是围绕生产展开的，字里行间充满了建设社会主义的豪情壮志。

1956年年底，中国基本完成了对生产资料私有制的社会主义改造。在中华人民共和国经济史上，以1956年党的八大召开作为划分历史时期的重要标志，中国进入了一个全面的、大规模的经济建设时期。②

为了领导社会主义建设的全面展开，党中央于1958年正式制定了社会主义建设总路线。5月5—23日，党的八大二次会议制定了“鼓足干劲、力争上游、多快好省地建设社会主义”的总路线。1958—1962年，第二个五年计划实施。

## 二、国营企业的管理框架

中国共产党领导人民建立的是社会主义国家，所以具有社会主义性质的国营经济在整个国民经济中是领导成分，要起决定作用。

新中国国营经济的建立，主要是从接管城市过程中没收官僚资本企业入手的。中国共产党在接管官僚资本企业时采取了与对待旧政权不同的办法，即不打碎它们的机构，而是保持其原来的组织机构和生产系统，“原职、原

① 《为全面地提早完成和超额完成五年计划而奋斗》，《工人日报》，1956年1月1日。

② 胡鞍钢著：《中国政治经济史论（1949—1976）》，清华大学出版社，2007年，第297页。

薪、原制度”不变，先完整地接收下来，实行监督生产，然后逐步进行民主改革和生产改革，把官僚资本企业改造为社会主义性质的国营企业。①

中国共产党在新中国成立之前长期以来都是在农村开展工作，对于城市建设和管理，大多数人都很陌生。当革命由农村转向城市后，如何改造并经营好国营企业，对于中国共产党来说是一个艰巨的任务。由于在以往的战争中，中国共产党在发动群众上积累了经验，因此在新中国成立之后的经营国营企业的思路上，中国共产党制定了全心全意依靠工人阶级的方针政策。

1950 年 2 月 6 日，《人民日报》发表题为《学会管理企业》的社论。这篇社论是中共中央委托全国总工会起草的。社论指出，“学会管理企业，把官僚资本企业改造成为新民主主义企业，应当成为中国工人阶级目前的中心口号。新民主主义企业与官僚资本企业在管理上的根本区别就在于企业管理的民主化。在国营公营企业中建立以厂长为首的工厂管理委员会与职工代表大会制度，是目前改造旧的官僚资本企业的中心环节。每个工厂企业中的工会组织应当配合行政机构，逐步改革各种制度，首先帮助行政实现管理民主化，以便进一步提高工人的劳动热情，组织生产竞赛与合理化建议来提高生产，真正吸收工人参加管理，才能使工人亲身感到自己是企业的主人。工厂中的职工代表会议应当与工厂管理委员会相辅而行，成为工会领导下组织领导群众生产运动、传达领导意图和吸收群众意见的形式”。②

同年 2 月 28 日，政务院财政经济委员会发出《关于国营公营工厂中建立工厂管理委员会的指示》，进一步指出：“在国营、公营工厂企业中，必须改革官僚资本统治时代遗留下来的各种不合理的制度。改革的中心环节就是建立工厂管理委员会，实行工厂管理民主化。”③ 9 月，中共中央作出了《关于管理国营工厂的决定》，要求发动和依靠职工群众进行民主改革、生产改革。“在建立厂长负责制的同时，推行企业民主管理，要把党的政治工作与经济工

① 中共中央党史研究室编：《中国共产党历史第二卷（1949—1978）》，中共党史出版社，2011 年，第 52 页。

② 中华全国总工会编：《中华全国总工会七十年》，中国工人出版社，1995 年，第 299 页。

③ 王永玺编：《中国工会史》，中共党史出版社，1992 年，第 334 页。

作结合起来。国营企业中的厂长必须尊重工会，一切生产管理上的重大问题，必须与工会商量，取得工会的同意与支持。”① 一大批在民主改革和生产改革中表现突出的优秀工人被提拔到各级生产管理岗位上来。工厂管理委员会由厂长、总工程师等生产负责人和同等数量的职工代表组成。大批工人积极分子被选入工厂管理委员会，直接参与企业管理工作。各工矿企业通过民主选举，建立职工代表会议，听取工厂管委会的报告，检查工厂经营管理情况和领导作风，并提出批评和建议。工厂管理委员会是企业的领导制度，也是职工的民主管理制度，它以集体决策形式决定企业生产经营、职工生活等问题。自新中国成立至1954年期间，是工厂管理委员会制度在国营、公营企业中普遍实行的时期。1954年后，工厂管理委员会制度逐渐废止，有些地区开始探索实行厂长负责制。1956年，中国共产党第八次全国代表大会决定，在企业中实行党委领导下的厂长负责制和常任制的职工代表大会。②

20世纪50年代后期，中国的国营经济已经初具规模。但在“大跃进”之后，国民经济陷入了困境，为了总结中国国营企业的管理经验和教训，针对当时工业企业工作中存在的问题，1961年9月16日，党中央颁布了《国营工业企业工作条例（草案）》（又称“工业七十条”）。《条例》分十章，包括计划管理、技术管理、劳动管理、工资、奖金、生活福利、经济核算和财务管理、协作、责任制度、党委领导下的厂长负责制、工会和职工代表大会、党的工作等内容。“工业七十条”对国营企业的性质，国营企业与政府之间的关系，以及政府对国营企业的领导体制都作了大致规定。这些规定形成了中国国营企业最初的管理框架。

该《条例》规定，国营工业企业是社会主义的全民所有制的经济组织。它的生产活动服从国家的统一计划。它的产品由国家统一调拨。它按照国家的规定上缴利润和缴纳税款。《条例》还指出，国营工业企业的根本任务是全面完成和超额完成国家计划，增加社会产品，扩大社会主义积累。

---

① 中华全国总工会编：《中华全国总工会七十年》，中国工人出版社，1995年，第300页。
② 崔义等主编：《职工民主管理大辞典》，经济管理出版社，1993年，第115页。

《条例》强调，中国共产党在企业中的组织是企业工作的领导核心。国营工业企业必须发扬民主，贯彻执行群众路线，放手发动群众，充分发挥全体工人、技术人员、职员的积极性和创造性，提高他们的主人翁责任感，把实行集中管理和开展群众运动正确地结合起来。要依靠群众，办好企业。在国营工业企业中实行党委领导下的行政管理上的厂长负责制，这是我国企业管理的根本制度。《条例》还特地指出，企业的领导人员必须经常关心职工的生活，切实注意做好生活福利工作，热心帮助职工解决生活上的困难问题。积极办好企业的哺乳室、托儿所、卫生所、澡堂、理发室和文化娱乐等集体福利事业。对于生活困难的职工，经过群众评议和企业工会批准，给予适当的补助。

“工业七十条”为当时的国企指明了方向并且规定了国企的治理框架。该《条例》具有鲜明的时代特点，凸显了党在企业内的领导地位，国企不是单纯的生产单位，还具有突出的政治色彩。当时国营、公营企业在党的统一领导、统一计划下进行生产，“国营企业的所有权和控制权都在国家的手中，由国家为其提供所有的生产计划、原材料、劳动者、管理人员以及供销渠道，在国家计划下协调生产。”[①] 所以厂长即便在生产上拥有指挥权，但也仅限于执行上级颁布的指令性计划。职工不仅是生产者，还是企业的主人、国家的主人，企业在管理上要实行民主化，依靠职工，走群众路线。

## 三、国企工会的社会地位和功能

中国现代工会起源于“五四”运动，在反对帝国主义的侵略、反对国民党统治的斗争中，中国共产党确立了对工会的领导权，工会自身也不断发展壮大。

---

① 黄黎若莲著：《中国社会主义的社会福利——民政福利工作研究》，中国社会科学出版社，1995年，第266页。

解放战争胜利前夕，党在七届二中全会上作出了工作重心由农村转入城市，由革命转向了建设的战略部署。国家原有的经济基础遭到了破坏，工业技术干部严重缺乏，要恢复和发展生产，推动社会主义的工业化发展，党需要依靠工人阶级的力量，因此十分重视工人阶级的组织——工会。

1950 年 6 月 29 日，中国政府颁布了第一部《中华人民共和国工会法》，《工会法》界定了工会的性质是工人阶级自愿结合的群众组织，保障了工会在国家政治、经济和社会生活中的地位，确定了工会的权利和义务。《工会法》还对工会的权利与责任、基层组织、经费等作出规定。在国营企业中，工会有如下权利与责任：第一，工会有代表受雇工人、职员群众参加生产管理及与行政方面缔结集体合同的权利；第二，工会有保护工人、职员群众利益，监督行政方面或资方切实执行政府法令所规定之劳动保护、劳动保险、工资支付标准、工厂卫生与技术安全规则及其他有关之条例、指令等，并进行改善工人、职员群众的物质生活与文化生活的各种设施的责任；第三，各级的工会组织有要求其同级企业行政当局在工会委员会全体会员大会或代表会议上报告工作的权利，并有代表受雇工人、职员群众参加同级企业管理委员会或企业行政会议的权利。

工会的工作包括四个方面：第一，教育并组织工人、职员群众，维护人民政府法令，推行人民政府政策，以巩固工人阶级领导的人民政权；第二，教育并组织工人、职员群众，树立新的劳动态度，遵守劳动纪律，组织生产竞赛及其他生产运动，以保证生产计划之完成；第三，在国营及合作社经营的企业中，在机关、学校中，保护公共财产，反对贪污浪费和官僚主义，并与破坏分子作斗争；第四，在私营企业中，推行发展生产、劳资两利政策，反对违背政府法令及妨害生产的行为。

新中国成立初期，党要抓的工作可谓千头万绪，但却这么快颁布了《工会法》，体现了党对工会和工人阶级的重视。同时，这部法律也把工会作为“传送带”（transmission belt）的身份和职能确立了下来。研究中国政治的学者汤森（James R. Townsend）等认为苏联对中国制度建设的影响十分深远。表现在“1949 年以后产生的国家结构和行政实践中，出现于‘传换带’结构和非党组织（特别是青年、工人和妇女组织）的职能中，以及中共对所有其他机构的内在指导关系中"①。1950年《工会法》体现的工会的身份和职能的理论基础是列宁的"古典二元论"。按列宁描绘的"传送带"图景，在运作正常的理想状态，工会发挥连接党的中心和工人的管道作用。工会被赋予的双重功能是：自上而下代表国家的集体利益，传达指示，动员工人进行生产劳动；自下而上传递工人要求，保护工人合法权益。这被称为"古典双重主义"。② 在中国，工会的作用则被表述为：工会起到联系党和群众的桥梁和纽带作用。两个功能看似是统一的，实则存在一定的内在矛盾。关于在国家和工人之间存在根本利益和具体利益的矛盾，时任全总主席的李立三对两者的关系有如下看法：

"在国营企业中，工人是企业的主人，没有阶级对抗，没有剥削关系的存在，所以发展生产的结果，无论对工人阶级的整体利益或个人利益、长远利益或日常利益都是有好处的。在这里，公私之间的利益是完全一致的，工会组织应当首先强调这种公私利益的一致性，来对工人群众进行不断的教育；但另一方面，在有关工人生活的具体问题上，在劳动条件问题上，公私利益之间还存在一定的矛盾。这就是在社会主义性质的国营企业中，还需要有代表工人群众的工会组织以及工会还需要执行保护工人群众利益任务的客观基础。同时，必须了解，这种矛盾的性质是工人阶级整体利益与个人利益之间、长远利益与日常利益之间的矛盾，即工人阶级内部的矛盾，而不是两个敌对阶级之间的对抗性的矛盾，因而是可以而且应当用协商的办法，即公私兼顾的办法来解决的。因此工会在这里的首要任务，就是要动员和组织工人群众，从各方面协助行政，完成行政规定的生产任务；但另一方面，工会必须切实关心工人的日常利益，对于行政方面因所处地位与环境，特别在目前强调实行经济核算制时所难免发生的过于热心本位利益而忽视工人日常利益的偏差，

---

① 詹姆斯·R. 汤森、布莱特利·沃马克著：《中国政治》，顾速、董方译，江苏人民出版社，1994年，第49页。

② 张允美：《市场化改革时期中国的劳动政治——以国家的劳动控制战略和工会的功能性双重主义为中心》，博士论文，北京大学政治学与行政管理系，2002年。

工会必须为满足工人群众提出的合理而可能的要求，用同志态度（而不是敌对态度）的协商办法来求得解决。这也就是工会协助行政的一个重要方面。如果工会不这样做，便会发生脱离群众的危险，丧失其群众组织的作用。”①

在李立三的讲话中多次提到工会工作与行政工作的不同，并特别强调工会是工人阶级的群众组织：

工会工作与行政工作有些什么显著的区别呢？行政主要掌握生产计划，工会则要保证生产任务的完成。工资问题，工会要组织工资评议，但最后决定权属于管委会。福利事业主要由工会办，行政上要处处帮助。劳动保险，由行政和工会共同办理。教育工作有些由工会办（如训练班、夜校等），有些由行政办（长期学校等）。②

管委会是行政组织，工会是群众组织，共产党是党的组织，这三个组织都是独立的，谁也不能向谁下命令。工会不能命令党，这是大家都清楚的，同样党也不能命令工会。工会受上级工会领导，除上级工会外，谁也不能命令工会。党是起核心作用的。工会因为自己的会员代表参加了管委会，或党因为自己的党员被选举参加了管委会，行政上的决议都是经过管委会共同商讨过的，所以大家都应该积极执行，保证任务的完成。至于哪些事情归行政，哪些归工会，应是与谁有关的事情由谁来做。如生产计划、经营管理，这应该是行政办，职工福利主要由工会来办，行政上可帮助，日常职工学习应由职工会来办，但应密切配合，几个管委会应经常商讨工作，天天接头，做到一切工作大家都知道。③

在李立三的讲话中，我们可以看出他虽然强调国家和工人利益具有一致性，但也承认工人有具体的利益，而后者的利益要靠工会来维护，这是国营企业工会存在的基础。如果工会只跟着行政做工作，工会就没有存在的意义

---

① 李立三：《关于在新民主主义时期工会工作中几个问题的决议（初步草案）》，载中国工运学院编《李立三赖若愚论工会》，档案出版社，1987 年，第 152 页。

② 李立三：《关于工厂管理民主化与劳资纠纷问题》，载中国工运学院编《李立三赖若愚论工会》，档案出版社，1987 年，第 25 页。

③ 同①，第 27—28 页。

和价值了。我们在讲话中同样也可以看到，李立三在努力地为工会争取自主的地位。工会与行政不是上下级关系，在企业中它们各自有工作的重点，企业是由党、工会、行政等组织共同治理的。

但是，李立三这样的言论在当时被认为是工会在向党闹独立。在1951年12月于北京召开的全总一次党组扩大会议，李立三遭到了批判。会议的中心议题是批判李立三的所谓经济主义、工团主义的错误。批评李立三思想上没有认清在新民主主义政权下工会的任务和作用，在对待党的关系上存在模糊不正确的观点，缺乏党的观点，缺乏群众的观点，缺乏生产的观点，缺乏全面观点。①

之后，赖若愚担任全总主席，在总结李立三事件后，他一再强调工会的工作是以生产为中心，但在从事一段时间的工会工作后，赖若愚也同样认为，工会组织必须保护职工群众的物质利益和民主权利，这是由工会的性质决定的。具体讲就是工会要维护党的政策和国家法令不被违反；要关心解决职工生活问题，努力改善职工的劳动条件和生活条件；要支持群众的正确建议与批评，使之不受压制和打击而得到尊重。②

后来，赖若愚也因强调工人具有与党不一致的具体利益而受到批判。通过李立三、赖若愚的经历和言论我们可以看出，工会有其自身的特点，它的性质决定了要保护职工的物质利益和民主权利，唯有如此，才能称其为工会。

## 第二节　参与职能：工会参与生产管理

新中国成立后，工人的身份发生了巨变，他们不再是受压迫、受剥削、靠出卖劳动力为生的对象，而是被推到了国家的主人的位置上。党不仅在宣传中建构工人的主人翁地位，而且在制度上保障工人当家作主的地位。在中

① 中华全国总工会编：《中华全国总工会七十年》，中国工人出版社，1995年，第323页。
② 同①，第366页。

央计划和软预算约束下执行生产指挥权的国企管理者需要职工的支持和参与。况且中央一再强调要依靠群众，实行管理民主化，职工在企业决策上具有一定的发言权。工会具有群众动员的能力和地位，它通过宣传鼓动职工积极劳动，并且代表工人参与生产管理。

## 一、工人被赋予主人翁的地位

### (一) 从底层劳动者到企业的主人

1948 年 8 月 1 日，第六次全国劳动大会在哈尔滨召开，中国职工运动著名领袖陈云作了《关于中国职工运动的当前任务》的报告。这一报告对于此后的职工运动具有重要意义。报告阐明了包括解放区、国统区在内的全国工人阶级及其群众当时的总任务就是要彻底推翻帝国主义及其走狗在中国的统治，建立新民主主义人民共和国。他指出：工人阶级已经获得了解放，成为国家政权的领导阶级，在国营、公营和合作经营的企业中，已没有劳资关系的矛盾，职工们已经是企业的主人。[①]

第六次全国劳动大会是搞好解放区城市工作，发展生产，支援前线的一次重要会议，对加强中国工会组织同世界工会组织之间的联系，确定工人是企业的主人，加强工人队伍建设，发展工人运动都具有深远意义。

1949 年以后，新政权就一直开始社会改造的庞大工程，其具体路径就是“划分阶级成分”。按照当时政治分层的界定，第一梯级是工人阶级，他们是中国社会的“老大哥”。[②] 不可否认，工人阶级在恢复和发展国民经济的过程中起到了主力军作用，协助政府接管了官僚资本主义企业。为了恢复和发展生产，工人阶级积极开展清仓查库和献纳器材运动、修通交通运输线，抢修遭敌破坏的机器设备，协助政府搞好稳定物价工作，打击投机倒把的不法活

① 中华全国总工会中国工人运动史研究室编：《中国工会历次代表大会文献》，工人出版社，1984 年，第 425—426 页。

② 袁进、丁云亮、王有富著：《身份建构与物质生活：20 世纪 50 年代上海工人的社会文化生活》，上海书店出版社，2008 年，第 14 页。

动，积极参加工厂管理民主化和创造新生产记录运动。①

新中国成立以后，党和国家给予了工人阶级很高的社会地位，宣传工人阶级当家作主，是国家的主人。工人成为主人翁，既是党政治合法性的需要，同时也是党承认工人阶级的体现。况且，百废待兴的国家在发展工业化的道路上，非常需要工人阶级的配合，极需要他们的劳动积极性和高昂的斗志。为了保障工人阶级的利益，党和政府除了给工人提供全面的制度性福利以及建立不能随便开除工人的保护措施以外，还通过推行企业民主管理制度来保障工人阶级的主人翁地位。

### （二）企业民主管理制度

李立三认为，要提高新民主主义的生产力，唯一的办法是提高工人的劳动热情，要广大工人自觉努力生产，首先就要使工人有主人翁思想。要使广大群众自觉，只有实行民主化。②

“第六次全国劳动大会上提出的管理民主化，这不是几个人脑子里凭空想出来的，而是毛主席根据中国革命的特点总结出来的经验。什么道理呢？我们的革命不是组织工厂工人暴动、通过取消一切来使自己成为主人的，而是军队夺取政权，由军事代表按原职原薪办法进行接收的，企业性质改变了，但要使每个工人懂得自己成为主人翁并不容易。首先要在管理制度中起改变，使每一个工人不只是一个单纯的劳动者，他可以参加生产管理，任何工人对工厂有意见都可以提出来，而且好的意见可以立刻实行。工厂管理规则从前是厂长和少数几个人商量拟定的，现在要通过大家讨论，管理规则变成群众公约，不只是厂长想的，而是大家提的意见，大家想的。生产计划由厂长、工程师制订好，然后到群众中讨论，大家发表意见，想办法如何执行。只有这样改变，工人才会了解‘我不单是做工了，而且是做了主人翁’。这一管理民主化即实行民主管理厂里的问题，特别是有关工人福利的问题，有关生产

① 王永玺编：《中国工会史》，中共党史出版社，1992 年，第 332—334 页。

② 李立三：《怎样把官僚资本的旧企业改造为新民主主义的新企业》，载中国工运学院编《李立三赖若愚论工会》，档案出版社、1987 年，第 107 页。

的问题，一定要在工人中间进行讨论，征求每一个代表的意见。厂长要经常在代表会上作报告，厂长任何一个意见，要在工人中间讨论，使他的意见变成工管会的意见，变成群众的意见，因此才会得到群众的拥护。在过去官僚资本时代是厂长一长制，现在要走向民主化，用这种办法增进工人主人翁的感觉，提高广大群众的工作热情，提高生产效率。”① 在“工业七十条”中，党和政府一再强调要依靠群众，并且规定职代会的作用。要求每个企业必须要设立职代会。

笔者访谈的个案ZSL，“文革”前是基层的经理，1976年以后在副食品公司担任工会主席，1985年被提拔到区里当工会主席，1998年退休。

> ZSL：国企工会做的工作还是挺多的，职工代表大会，这个一般都健全，要讨论这个企业的生产计划、经营的方式等重大问题，都要经过职代会讨论，一年要开两次。也有一年一次的。这个就挺重要的，还要选代表，要讨论企业的重大决策。这就是行使它的权利，这就是它的政治权利。还有一些福利、待遇、奖金的分配，这些都经过职工代表大会讨论。国企这些还是正规的。

吸纳工人参加生产管理，在工厂的重大事件和决策上听取工人意见，是真正使工人成为主人翁的一种方式，工人作为企业和国家的主人，有责任、有热情保护好自己的资产，通过积极投入生产，建设好自己的事业。新中国成立初期，党和政府缺乏管理人才，况且在众多的国营企业中，还可能潜伏着同情资产阶级，意图破坏社会主义的敌人，所以只有依靠和动员工人阶级才可能使政权稳固。路风分析认为，1949年夺取政权标志着中国共产党的权力中心从农村转到城市。为巩固对城市社会和工商业的控制，新政权必须赢得工人阶级的支持。党为此采取的战略是：绕过城市经济体系的上层结构，直接渗透到下层社会，动员群众并把工人阶级自下而上地组织起来。② 工厂管

① 李立三：《怎样把官僚资本的旧企业改造为新民主主义的新企业》，载中国工运学院编《李立三赖若愚论工会》，档案出版社，1987年，第93页。

② 路风：《国有企业转变的三个命题》，《中国社会科学》2000年第5期。

理民主化与党的“群众路线”是一致的，党的“群众路线”是党在革命根据地依靠群众支援时产生的一种领导方法，群众路线对于官僚和知识分子具有控制作用。群众路线表达了一种民众主义的倾向，表达了与人民相认同和对人民负责的观点。这曾是使革命合法化的因素。①

新中国成立初期的工业建设基本是靠运动来推进的，从“三反”、“五反”运动，增产节约运动、到“大跃进”，都离不开大众的参与，党和政府需要动员起广大职工群众来进行生产，因此通过多方面的措施来保障了工人参与民主管理的权利。

## 二、企业需要工会组织动员职工促进生产

第六次全国劳动大会以后，工会在较长一段时间内的工作方针可以概括为以生产为中心，生产、生活、教育三位一体。生产是整个国家的中心任务，在国有企业中，生产是中心。李立三之后，赖若愚更是强调企业工会工作要以生产为中心。从这个方针上可以看出，生产、生活、教育没有明确的界限，抓生活是为了促生产，发展生产也有利于改善生活。“我们发展生产正是为了改善工人生活，如果不从生产出发，改善工人生活就没有物质基础。从整个工人阶级来说，最重要的任务是发展生产，完成与超额完成国家计划，以早日实现‘国家工业化、逐步过渡到社会主义社会’。要在这样一个总的任务下来进行一切工作。”② 主张要在工会抓生产、关心职工生活的过程中，对工人进行启蒙和教育，提升工人阶级的素质和技能。

“工业七十条”第九章指出，企业中的工会组织，应当在党委的领导下，协同行政，努力做好以下工作：

（1）发挥全体职工的积极性和创造性，开展社会主义劳动竞赛，总结和

① 詹姆斯·R·汤森、布莱特利·沃马克著：《中国政治》，顾速、董方译，江苏人民出版社，1994年，第57页。

② 赖若愚：《关于劳动保护工作的报告》，载中国工运学院编《李立三赖若愚论工会》，档案出版社，1987年，第184页。

推广先进经验，全面完成和超额完成生产任务。

(2) 教育全体职工加强组织性和纪律性，模范地执行国家的政策、法令和企业的规章制度，自觉地遵守劳动纪律，爱护机器设备和一切公共财物。

(3) 教育全体职工发挥阶级友爱，互相学习，互相帮助，加强青年工人和老工人之间的团结，加强工人、技术人员、职员之间的团结。

(4) 时刻关心职工的生活福利，正确执行工资政策和奖励制度，执行国家的劳动保护法令和劳动保险条例，依靠群众，认真办好管好食堂、宿舍、澡堂、托儿所、卫生所等集体福利事业，并且做好困难补助工作，组织职工开展互助活动，切实解决职工生活中的具体困难。

(5) 组织职工的业余文化、技术学习，开展职工的文化、娱乐、体育活动。

(6) 配合当地政府，深入地具体地进行职工家属的思想教育工作，使他们热爱劳动，关心集体，团结互助，勤俭持家。

工会为了调动职工的生产积极性，促进生产，发动了合理化建议活动、先进生产者运动，评比技术标兵，劳动竞赛。劳动竞赛是工会参与生产的最主要的活动，它也被视为职工民主管理的重要形式和职工民主管理体系中不可缺少的组成部分。“在俄国‘十月革命’不久，列宁即在《怎样组织竞赛》等文章中提出了社会主义劳动竞赛的理论。他指出，正是在社会主义的条件下，工人群众才可能真正普遍地表现出进取心，进行竞赛和发挥大胆首创的精神。”① 在根据地时期，中国工会在生产中就创造了劳动竞赛的形式，边区的大生产运动更促使了工会组织劳动竞赛的发展。社会主义劳动竞赛是工人阶级以主人翁责任感和共产主义劳动态度，在生产劳动中发挥高度积极性和创造性，建设社会主义的重要实践活动。竞赛的基础是广大职工群众的积极性；竞赛的目的是推动社会生产力的发展，建设具有中国特色的社会主义；竞赛的办法是比、学、赶、帮、超，相互促进、共同提高。②

① 崔义等主编：《职工民主管理大辞典》，经济管理出版社，1993 年，第 143 页。
② 同①，第 142 页。

计划经济时期，国家提供原材料、提供销售渠道，给企业分配常规任务，劳动竞赛一般是围绕自己单位的生产任务去组织，或者围绕国家临时派来的重大任务展开。全国总工会、省（市）总工会或行业上级工会也会通过工会系统下达任务，组织全国性质的劳动竞赛。在这一时期，五一国际劳动节，十一国庆节是非常重要的节日，要以劳动竞赛的成果为五一、十一献礼。劳动竞赛由企业工会负责组织，与各部门协商产生工作目标，定下竞赛指标。工会通过黑板报、有线广播等形式对职工进行宣传鼓动，在竞赛中评优评先，在提升职工的劳动积极性上发挥了很大作用。对职工的激励主要靠荣誉激励，物质奖励较少使用。当时劳动在社会中具有很高的地位，"劳动最光荣、最有价值"。所以，人们很看重劳动竞赛中的先进称号。在访谈中，企业工会干部认为工会工作与行政工作区别之处在于前者要发动群众，组织劳动竞赛便是发动群众的一种形式。

ZQ：指标的提出都是由工会跟各业务科室协商出来的。各业务科室提出具体的要求，然后到工会那儿汇总讨论。竞赛办法总的来说是由工会起草，通过工会系统布置。当然，工会提出的方案也需要党政工团相互通气，不能光你工会提出了，厂长那儿都不知道。是不是啊？这也得有个互相的配合，互相协调。然后，由工会布置下去，厂工会主席一般开会布置工作，车间工会主席再回车间，跟车间的党支部，那阵是党的领导啊，跟党支部汇报，然后党政工团研究。研究时有问题就提，没问题就等着落实。车间再制定自己的办法。再一个就是班组也有竞赛形式，因为评先班组算一个单位，到年底除了评优秀车间，也得评优秀班组。

访问员：其实就是根据厂里的一个目标定下来一个分目标。

ZQ：哎，对对对。就是把目标一层一层分解下去。

访问员：但是这个中间过程里，工会除了定任务定目标之外，还起到什么作用呢？

ZQ：工会就是在竞赛过程中从上到下发动工人，开职工大会，弄出点声势来。尤其到了节日，工作更要抓紧，五一、十一啦，党的生日，为党的生日献礼。在年初，要争取开门红，是不是啊？年底一般要红到底。反正一般都是这些口号。这是从声势上，另外呢，要从各部门协调。

劳动竞赛是围绕生产进行的，但生产的指挥权属于行政，所以这个过程中，工会要取得行政的配合。

SXR：如果没有行政的配合、行政不支持你根本干不了，对不对，你工会虽然有权力，但是你没有生产指挥权。没有行政的配合，就要影响生产。

因为工会确实能解决行政解决不了的问题，所以当时企业的行政对工会比较重视。路风分析，以“铁饭碗”和工作场所福利制为核心的劳动关系结构使国有企业的管理者从来没能有效地控制和协调生产过程。软弱的管理权威和中央计划下不合理高指标的压力使企业管理者在完成计划的挣扎中干脆将控制劳动过程的责任让与工人，依靠群众动员进行生产管理。① 在促生产上，行政只能靠命令，行政的组织手段只具有有限的生产指挥权，党还要求它走群众路线，要尊重工人、依靠工人。若行政独断专行，就会被视为官僚主义，工会可以组织工人与之进行斗争。当时全国笼罩在生产热情中，政府的计划分解下来，行政不仅要完成计划，还要提前、超额完成，所以劳动竞赛过程有助于明晰各部门的分工和任务，还能提高工人素质，更加激发工人的积极性和主人翁责任感，所以行政比较欢迎工会搞劳动竞赛。有重大任务到来时，一般都是工会出面组织、鼓动工人，动员基层工会小组搞生产，工会领导抓组织检查评比。

在计划经济时期，尤其是二十世纪五六十年代，虽然企业中也有落后分子，但总体来说，当时工人的生产积极性很高。而当时所谓的落后分子在现在看来，大多数也都称不上落后，许多都只是发个牢骚，或者干活的时候借故多跑开一会儿，干活不利索，不知道抓紧。在当时的政治社会气氛下，大

① 路风：《关于改造国有企业的几点思考》，《世界经济》2001 年第 2 期。

多数人生产积极性都很高，以至于对那时候工作的干劲和积极性，现在的老人们都还记忆犹新。

个案 SXR：1958 年进某飞机修理厂工作，工会积极分子，1985 年担任工厂工会副主席，1989 年提前退休。

SXR：那时候工人非常积极，为了准备劳动竞赛，工人日夜地加班，白天上班，晚上不休息，加紧地练习。

访问员：怎么会干劲那么大？

SXR：不计报酬，你比如说吧，我们为了完成一个任务，平时是上班八个小时，下班不休息，一直干到夜里 12 点，休息休息，第二天早上七点多又出门，八点多上班，又接着干，毫无怨言，而且情绪非常高涨。那个时候是上世纪五十年代，到六零年以前人们都是那种状况，所以我们在新中国成立以后，虽然经济那么样落后，国家那么贫穷，但还是很快发展起来，靠的就是广大职工的这种精神。而工会在这当中就起了非常非常大的作用，这绝对不能否定，为什么呢？因为工会那时候虽然没有很好的保障，工会的干部也没有好的待遇，甚至很多工会干部都是兼职的，但是工会的干部，包括那些基层的干部，委员们，包括工会小组长，都非常认真地从事着工会的工作。

我们生活在那个年代，真是的，当时我觉得，多累我都愿意，咱们说不好听的啊，炼那个钢铁，大跃进，我是三天两夜没睡觉，哎呀，那个干劲实在是十足，不只是我啊，所有人都是那么十足啊。

ZQ 的话语中也反映出当时工人们的干劲。

ZQ：反正那时候人的思想比较单纯，就是要好好干活。就好像来了我不好好干，就有点对不起组织，对不起党，另外如果表现不好还怕人家说自己是落后分子啊怎么的。

心理学把积极性看成是人在心理能动状态下的一种行为的动力表现。它包括人的认知、情感、意志等多种心理成分处于兴奋活跃状态，使人的智力、体力、能力发挥出最大的活力，成为人的行为的推动力。20 世纪 50 年代，中国共产党确立了低工资、高积累的政策，经济基础薄弱的现实和社会主义的意识形态决定了党不会在生产中过分强调物质刺激的手段，所以精神因素的鼓励将在发展生产中发挥更大的作用。

20 世纪 30 年代，艾尔顿·梅约（Elton Mayo）在霍桑企业进行试验之后，在工业社会学中建立了“人际关系学派”。梅约发现，任何工作环境的物质因素，甚至是在泰勒的策略中最为明显的物质刺激，都没有精神因素对生产效率的提高和冲突的消除所产生的影响大：工作场所友好的、“家庭般”的氛围，管理者与工头对工人精神状态变化的关注和给予雇员的关心以及对雇员对总的生产效率贡献意义的关注，都是可以用来解释这一结果的精神因素。[①] 积极性与生产效率的关系也在中国的研究中得到了验证。1990 年，中国社会科学院社会学研究所“企业职工积极性调查组”对全国 21 个城市大中型国有企业的 15000 余名职工进行了问卷调查，调查表明，在国有企业中，劳动效率深受工作积极性的影响，如果职工的积极性得到充分发挥，劳动量就会增加 1—2 倍，经济效率会增长 50%—100%。[②]

## 三、激发工人劳动积极性的因素

### （一）底层工人的感恩

工人在新中国成立前经历了连年战乱和物价飞涨的恓惶，靠出卖劳力谋生的他们一直是社会的底层，饱尝社会的辛酸苦辣。新中国成立后，工人不仅有了稳定的工作环境、全面的福利保障，还被冠以“主人”的名号，工人地位得到提升，工厂干部尊重工人。这些变化让工人们很感恩。

个案 ZQ：1934 年生，工厂在新中国成立后头一批学徒工，1950 年进 BE 厂锅炉车间做电焊工，1960 年兼职车间工会主席，1980 年担任厂工会副主

① 齐格蒙特·鲍曼著：《共同体》，欧阳景根译，江苏人民出版社，2003 年，第 39—40 页。
② 李培林、张翼著：《国有企业社会成本分析》，社会科学文献出版社，2000 年，第 85 页。

席，1994 年退休。他出生于底层工人家庭，其父亲是学徒出身，新中国成立前在日本企业锻工车间当工人，每天干 10 小时，两周歇一天。每月工资一方面是给很少的钱，另一方面是给粮食。

ZQ：我父亲的工资给粮食是给多少呢？五十斤！五十斤有可能是老玉米，也可能是棒子面儿，棒子面儿不像现在的棒子面儿这样，不定里头有什么东西呢。到后期只给五十斤白薯。

ZQ 表示，那时他们全家五口人全靠他父亲的这点收入为生，日子过得非常苦。家里总是挨饿，吃不上东西就每礼拜买一斗谷糠，与一升小米儿掺在一起，用碾子推细了吃，或是去野外揪野菜吃。工人在工厂被严格管束，有一次他父亲热饭，小头儿说他在工作时间蒸饭，直接被打了一嘴巴。日本投降以后，工人们在国民党工厂干，待遇会稍微好一点，但也只是够吃。况且当时还物价飞涨，闹得人心惶惶。

ZQ：除了够吃以外没有干别的的钱。在国民党那阵我记得我父亲的工资就是将近能买一石老玉米，那阵家里还是五口人，就是长得都大点儿了。二斗用来交房租，另外再用电花点儿钱，电就是电灯没别的，就没什么富余了。一解放，好家伙，大不一样了。

访问员：生活发生了巨大的变化？

ZQ：解放了还是过了一段时间，它不可能刚解放，今天解放明天就好起来啊，是不是啊。反正过了这么一段时间，也就顶多一个月，就什么发小米。发小米都是成麻袋地发，那阵工人哪儿见过这么多粮食啊。好，这一发小米，那真是高兴得了不得啊！那真是喜笑颜开啊！这会儿你想啊，上级要求怎么干就怎么干。

当然，除了给粮食之外，党还重视思想教育，政治宣传也是很重要的因素，启蒙工人认识到从前的穷困是由于阶级压迫造成的。当时工厂通常由工会组织和主持政治学习，党政工互相配合，都在学习班上讲话。工人的工资也提高了不少，在实行“八级工资制”时期，ZQ 的父亲工资给定到了八级，拿一百零七元钱，但他父亲怕八级到头了，有些难活干不了会很寒碜，主动要求定在七级，拿九十元零九毛工资。因为工作能力突出，他的父亲还被调到技校当实习老师。他的父亲根据在不同时期的经验，看到厂里干部对待工人的态度，得出结论跟儿子说：中国共产党上头好下头也好，也就是中国共产党的中央领导层与基层干部都好。

### （二）干群关系和谐

工厂领导善于依靠工人、设法调动工人的劳动积极性来完成生产指标，很多企业甚至特地选拔工人阶级出身的人来当干部，依靠工人进行工厂管理。企业干部，即便是行政，在生产劳动上也身先士卒，干得比工人还要辛苦。尤其到过年过节，干部都到基层去和职工一起干活，了解职工情况，职工也都很感激，备受鼓舞。

> ZSL：再有就是，现在不知道还是不是这样做，过年过节了，领导得到一线去，我们那时候都到基层去，和职工一块干活，你在干的过程中，就了解职工情况，帮着职工干事，职工也会跟你说心里话。你到职工那儿去，跟他一块儿干，自然感情就不一样了。过年过节休两天，你去劳动两天，跟他们一块，他们会特别感激。所以，我们那时候，我是从财贸上来的，所以不管你干什么，咱们都会啊，咱们也不比他们差啊，他们就跟你说心里话。比你去深入调查，更现实。
>
> 我们那时候骑自行车，晚上运大白菜，两点三点，都是那样。我们经理也都那样做，都一样。那时我们那经理、各科室都下去。过年过节，这几大节日都下去。现在谁强调这个啊，现在就是慰问，跟着摄像机，这一握手，一送礼，就完了，都是这个，有点形式主义。所以那时候啊，我们都是真正在维护职工的合法权益，真正说对职工不好的，确实是个别，真的很少很少。企业和经理也基本都知道依靠职工，他们都知道，你的职工要没有干劲，你企业的销售任务能完成吗？

干部在工资分配和福利待遇上和工人差距很小，有的干部甚至还不如高级工人的工资高。厂里有资源，干部也倾向于给工人。ZQ记得在20世纪60年代困难时期，那时大家的生活都很困难，车间不知从哪儿弄了些二锅头酒回来，在分配的时候，都给了老工人和生产骨干，干部一点都没分。

ZQ：有一回，那是特殊点情况，工厂也不知怎么弄了点酒，按车间人数多少分。反正一分这个东西就是我的事啊，是不是啊？弄到车间以后呢，我就跟支部啊、主任啊一块商量商量。工厂往下发东西的时候，也多少有点条件，是不是？有资格的人都是生产上的骨干，另外还有岁数比较大的老工人。我记得也就分了三四十人，一人半斤。

访问员：嗯，不是所有人都分是吧？

ZQ：哎，不是。

访问员：岁数比较大的工人是多大的？

ZQ：哎，年龄稍微大的，得50岁以上的。另外就是生产表现好的，厂级先进的啊，要不就是生产骨干的啊。你像我们这党政工团，连书记，支部书记都跟着一块去分这酒，在车间办公室分，我们连一口都没尝过。

访问员：就是干部都没分到是吧？

ZQ：没有，干部绝对没有。

访问员：那就给了两类人，一个是50岁往上的老职工，因为干的时间久了。

ZQ：哎，老工人也不是全有。

访问员：那是什么样的老工人有？

ZQ：50岁以上的呀，但是50岁以上的多了，反正也需要有点代表性的，也比较突出点的。

访问员：也得是干活不错的。

ZQ：哎，也得是干活上比较突出点的。那老工人发了这酒，尝了尝，都说真高兴、真痛快。

根据工会干部回忆，那时候社会风气正，干部很受工人尊重，不管是行政干部还是工会干部，号召工人干什么事情，一号召大家都来，甚至都不用特别动员，就说“活忙，周日要加班”，一句话工人全来了，自觉自愿加班，不计较加班费，甚至有的工人还以被叫去加班为荣。

### （三）建设社会主义的热情

中国共产党一直很重视意识形态的宣传。通过党组织和群团组织教育大众，宣传社会主义的宏伟蓝图和共产主义的远大理想，让民众树立了建设国家的坚强信心。在社会主义建设的初期，我国也创下了让世人惊叹的成绩。“一五”期间，我国工业产值年平均增长 18%，农业总产值年平均增长 4.5%，是历史上工业与农业增长最快的时期。在工农业总产值中，工业的比重由 43.1% 提高到 56.7%，上升了 13.6 个百分点。在工业内部，重工业增长明显快于轻工业，重工业占工业总产值的比重由 1952 年的 35.5% 很快上升到 1957 年的 45%，已经相当于世界工业化国家实现工业化前夕的重工业比重。[①] 党在带领人民前进的道路上，信心十足，并在“一五”计划的基本目标里提到，力争从 1953 年起，经过大约三个五年计划（1953—1968），把中国建设成为一个强大的社会主义工业国。工人们经历过新中国成立前的战乱、物价飞涨的底层生活，新中国成立后地位上升、享受到了比较完善的福利待遇，国家物价稳定，生产形势一片大好。工人们憧憬社会主义的美好生活，心中充满了建设的豪情和信心。在党强大的宣传攻势下，工人们相信在党的领导下，很快就能超越资本主义国家。

> SXR：那时候人没有要钱的想法，你知道吗，在那个年代，人们加班都是义务的，有时候我工作忙的时候就连轴转。
>
> 访问员：那时候怎么那么大动力啊？
>
> SXR：那时候人就是为党，为社会主义工作啊。

当时个人与国家、企业是利益共同体，个人的命运与国家的兴盛紧密联系在一起，强烈的集体主义思想使得人们积极工作，不计较个人的报酬。

---

① 国家统计局编：《新中国五十年（1949—1999）》，中国统计出版社，1999 年，第 23 页。

## 四、工会的思想政治工作有效

我们所说的思想政治工作，是指中国共产党的思想政治工作。“是党在领导人民进行无产阶级革命和社会主义建设、改革的实践过程中，用马克思主义理论及其中国化的最新成果武装全党和全国人民的头脑，引导人民群众理解和把握我国革命、建设和改革的基本理论、基本路线、基本纲领、基本经验和各种重大方针政策，增强人民群众投身革命、建设、改革伟大事业的积极性、主动性和创造性，使人民群众更好地发挥推动社会进步的作用而进行的政治动员、理论宣传、思想教育等方面的工作。”① 党历来高度重视思想政治工作，始终把它摆在党的工作的重要位置。②

在政治挂帅的年代，党和企业行政、工会都要做职工的思想工作，因工会与职工接触多，工作更为具体，所以相比而言，工会比其他组织做得更多。经过调查，受访的工会干部们认为在二十世纪五六十年代，激励工人发挥生产积极性并不是靠物质奖励，竞赛中的先进人物最多也只是给集体奖励一个笔记本或荣誉称号等，主要是仗着思想工作、政治动员。

SXR：那时候的群众知道，自己的利益要服从国家利益、企业利益。绝大多数职工都清楚，那时候职工工作好做，为什么好做，只要一说到大道理，个人的小道理就会服从大道理。不像现在，什么大道理、小道理都要以我为主。

访问员：那时候的大道理都是什么啊？

SXR：大道理就是国家利益和企业利益，一提到这个，职工就没话讲。

访问员：那职工会不会觉得很委屈啊？

SXR：没什么委屈啊，那时候职工的想法跟现在的想法可不一样了，为了企业利益，为了国家利益，为了企业利益，连牺牲自己他都觉得愿意啊。

---

① 荆惠民主编：《思想政治工作概论》，中国人民大学出版社，2007年，第42—43页。

② 同①，第49页。

访问员：就是说工会去做工作，做思想政治工作？

SXR：对啊，工会当然要做思想政治工作了。

访问员：那都是怎么做的啊？

SXR：做思想政治工作，是从工会这个角度做的，为什么呢，比如说吧，一个职工，遇到事情了，跟企业利益冲突了，首先要了解职工有什么困难，然后要向职工讲清楚，摆明个人利益和企业利益的关系，和国家利益的关系，让这个职工能够个人服从集体。另外，工会在力所能及、能解决问题的前提下，尽量为职工解决问题，如果你什么也不解决，光说无益。如果职工在确实有困难的情况下，那么在工会的职权范围内、能力范围内，要尽量去解决问题。这样问题解决了，职工也就认同工会的作用了。如果属于职工的过分要求的话，那么也要经过工会的工作，让职工认识到自己的不足。当时职工，咱说实话，20世纪50年代职工的工作很好做，为什么很好做呢，太单纯了，现在这时候的人都理解不了那时候的人怎么都那么傻？

当时工会做思想工作相对好做，一是因为干部不搞特殊化，生活比工人好不到哪里去，所以工会干部讲道理，工人能听得进去，当工会干部把大道理、小道理说清楚，职工基本能接受，同时，针对工人的具体困难，工会愿意尽量为职工解决生活困难，所以职工更能接受工会的教育。二是职工单纯，劳动积极，愿意表现好，怕被人说落后。

## 五、工会是行政的助手

企业工会处在一个纵横交错的体系中，它平时的工作既受上级工会的领导，也受企业内党组织的领导。在计划经济时期，企业实行党委领导下的厂长负责制，工会和行政都要接受党委的领导。从理论上说，工会和行政是同级组织关系。但是国企中工会与行政的关系一直比较难处理，企业以生产为中心，行政必然在企业中占据主要地位，但因为工人是国家的主人，国家需要依靠工人走工业化的道路，要在企业管理中推行群众路线，号召工人与官僚主义作斗争，所以工会在企业中的位置还是比较重要的。

工会对于行政而言，除了工作上的配合之外，还有监督的意涵。但是由于企业工会缺少资源，平时搞活动、为职工服务需要的经费都要从行政那里申请，也需要行政进行人力资源调配，所以工会要主动与行政沟通，与行政搞好关系。工会的地位“不是行政的地位，也不是党的地位，不能以为自己是个角儿（ZSL）”，工会主席必须要意识到自己地位的特殊性才可能开展工作。工会要通过树典型、促生产来获得行政对工会工作的认可，工会才能得到行政的支持，多做为职工服务的事情。

同时，由于企业的管理者不可能给工会下达任务，并且在动员工人方面，工会能够发挥别的组织不可替代的作用。工会在促生产，通过做好工人的生活工作来提升工人的劳动积极性上做了不少的工作，在工人中比较有号召力。因此行政对于工会的作用也比较重视。行政不可以命令工会，但可以对工会提点要求，希望工会能配合好行政，在生产上起到协同的作用。

ZQ：工会跟行政啊，要让我看，是同级组织关系。因为行政是党委领导下，工会也是党委领导下，同时两者都是厂一级的组织，是不是？

访问员：级别是对等的？

ZQ：级别应该是对等的，但是从具体的级别来说，工会主席跟厂长级别差到半级吧！咱们工厂的工会主席是处级，厂长是副局级。但要我认为它们是同级组织的关系，从实际工作当中我也是这么体会的，党委领导干部和行政领导干部他们对我毫无歧视这一说。

访问员：就是它们之间更像是一个伙伴，不是上级和下级？

ZQ：对，它不是上下级关系，你厂长不可能给工会下达任务吧！是不是，但是党委可以。你比如在党委组织的年度计划或工作计划当中，它能够对工会提出要求，但是行政在它的工作计划当中不可能对工会提要求，顶多提点新希望，希望工会怎么怎么配合。它们之间是互相协同，互相协作这么一个关系。

另外，先进生产者、劳动模范是生产中的一支重要力量，他们的这些称号体现了劳动的价值，在当时有很高的荣誉，他们是普通工人学习的楷模。工会评先进在普通职工中影响力很大，即使是行政系统评出来的，也要报给工会，由工会来批准。

通过调查可以发现，当时的工会干部自认为在企业中还是比较有地位的，在职工的问题上也比较有发言权，工会代表可以为工人说话，为工人争取利益。虽然当时工会与行政之间也会产生矛盾，但因为党委重视工人，行政也在党委领导之下，因此工会维权基本是可以实现的。

当时工会工作相对好做，因为企业的资源是国家供给的，国家赋予了工会合法性的地位，国家、企业、工会、工人在意识形态和建设社会主义的目标上具有一致的利益和目标。工会在工作中对行政要主动沟通与协调，企业行政也一般都很支持工会工作。如果行政表现出不支持工会工作或打击报复工会的行为，工会可以反映到党委或者上级工会，经上级工会和企业党委会介入来进行干预。

## 第三节　福利职能：国企工会具有福利传递职能

### 一、工会与职工福利制度

企业福利制度与职业相联系，亦被称为职业福利制度。社会政策学的开创者蒂特姆斯（Richard M. Titmuss）认为社会服务事业（现金或实物）不是单一目标的单一福利体系，而是怀有多元目标的多元体系，其有三种不同的“社会服务”体系：即社会福利、财政福利和职业福利。① 职业福利的涵盖范围包括“可以获取的货品到只可赏心的休憩活动”。② 蒂特姆斯认为职业福利形式表达了维持“良好”工业“人际关系”的意愿，而它也是“良善”雇主

① Richard M. Titmuss 著：《社会政策10讲》，江绍康译，商务印书馆（香港）有限公司，1991年，第127页。

② 同①，第129页。

形象的一部分。

受蒂特姆斯启发，吉尔伯特等人（Neil Gilbert&Paul Terrell）认为，从制度视角研究福利，“社群生活的主要活动发生在六种基本的社会制度中：亲属、宗教、工作单位、市场、互助和政府”。[①] 工作单位所提供的福利是职业福利，他们将其界定为“工作单位（工厂、农场、大学和服务公司）常常为其职员提供连同正常薪酬一起的与工作相关的商品和服务以提高他们的福利。这种福利被称为额外或职业福利（fringe or occupational benefit）”。他们认为职业福利的重要性可能会被低估，“就大多数美国人来说，额外这个词低估了这些福利的重要性，因为这些福利补贴是职员工作福利中重要的组成部分”。[②]

一般来说，“福利国家”这个名词是指建立在公民权利平等基础上，由国家提供的最低生活保证，其目的是使公民在教育、健康、医疗和住房等方面享有基本照顾。[③] 在计划经济时期，国营单位的正式职工享有制度性的普遍福利，由单位代表国家向职工提供福利待遇，这在某种程度上就如同福利国家一般。由于单位向内部正式职工提供的福利，因此这也是一种基于职业身份给予的福利。

### （一）工会作为职工福利的代表者和传递者

在西方的福利国家，国家、企业分属不同的福利提供主体，国家为公民提供全面的保护，而企业提供的是额外的提高性福利。但在中国，国家通过指定工作单位（国营企业）来为职工提供福利。从全国层面上说，全国总工会在福利体系，具有掌控地位；在企业层面上，企业工会是职工福利的代表和传递者。

《劳动保险条例》确立了中国工会组织在劳动保险福利中的主导地位，规

---

① Neil Gilbert，Paul Terrell 著，《社会福利政策导论》，黄晨熹等译，华东理工大学出版社，2003年，第4页。

② 同①，第4页。

③ 黄黎若莲著：《中国社会主义的社会福利——民政福利工作研究》，中国社会科学出版社，1995年，第4页。

定中华全国总工会为全国劳动保险事业的最高领导机关，统筹全国劳动保险事业的进行，督导所属各地方工会组织、各产业工会组织有关劳动保险事业的执行。关于集体劳动保险的详细办法也由中华全国总工会制定。

《劳动保险条例》规定的劳动保险的各项费用全部由实行劳动保险的企业行政方面或资本负担，其中一部分由企业行政方面或资方直接支付，另一部分由企业行政方面或资方缴纳劳动保险金，交工会组织办理。

在开始实行劳动保险的头两个月内，由企业行政方面或资方按月缴纳的劳动保险金，全数存于中华全国总工会户内，作为劳动保险总基金，为举办集体劳动保险事业之用。自开始实行的第三个月起，每月缴纳的劳动保险金，其中30%存于中华全国总工会户内，作为劳动保险总基金；70%存于该企业工会基层委员会户内，作为劳动保险基金。存在全总的劳动保险总基金由中华全国总工会用以举办集体劳动保险事业，存在各企业工会基层委员会户内的劳动保险基金用以支付各项抚恤费、补助费与救济费及本企业集体劳动保险事业的补助费。各企业工会基层委员会根据该企业的经济情况及工人与职员的需要，与企业行政方面或资方共同办理疗养所、业余疗养所、托儿所等集体劳动保险事业。

当时工会在职工上具有举足轻重的地位，既因为国家要团结工人，也有受苏联影响的因素。

苏联的职工福利归工会管。苏联工会在生活方面的保护职能主要有：各级工会参加制定和调整职工工资和劳动报酬的制度和规章，监督社会消费基金的使用，关心组织劳动人民的文化生活和疗养，采取措施保障实现职工住房和文化生活设施的建设计划，基层工会组织与行政共同分配住房，关心女职工和青年及未成年职工的特殊利益。苏联工会除作为全体劳动人民利益的代表行使权利外，还执行部分国家行政机关的职能，如管理国家社会保险、领导职工疗养事业、发展职工文化体育活动和旅游等，职工及其家属的医疗、保健、体育运动和旅游也由工会负责组织。[①]

---

① 张桂珍著：《苏联工会》（全国总工会干部学校介绍国外工运状况内部参考书），1984年，第28—29页。

作为已经实行社会主义的苏联，它的具体经验必然会影响到中国。但在中国的革命实践中，中国共产党也认识到不能照搬苏联经验。在苏区，1931年11月通过的《劳动法》体现了保障工人阶级利益和工会组织权利的思想，体现了工人阶级主人翁的地位，但也有许多不适合产业极不发达的中国革命根据地实际情况的条文。这些政策的强制执行产生了消极作用，给苏区的经济建设造成了危害，使苏区一度出现私人企业倒闭、失业工人增加、师徒关系对立、学徒大量减少等不利于经济发展的现象。

所以，在新中国成立前，党就告诫工会领导人不要片面地追求劳动者的福利，只谈职工福利会伤害到经济的发展。1949年4月，新华社论写道：职工运动的领导者们，绝对不许可以近视的片面的所谓劳动者福利为目标，提出过高的劳动条件。解放区职工运动的方针，应严格地符合于新民主主义的经济政策，这就是发展生产、繁荣经济、公私兼顾、劳资两利。一切与此符合的应该发展，一切与此违背的应该改正过来。[①]

这个方针从新中国成立前到新中国成立后都被党加以提倡，党认为发展生产、繁荣经济是首要重要的，这被视为提高福利的基础，若没有这个基础，福利也不可能实现。毛泽东曾指示，要在增产的基础上逐步地改善工人的生活[②]。

1954年8月，《工人日报》以《密切关心职工生活》为题发表社论强调：工会必须时刻关心职工群众的生活，在生活福利工作中贯彻为生产服务、为群众服务的方针，逐步改善职工群众的物质生活和文化生活。[③]

1954—1956年，中华全国总工会多次下达了与职工福利有关的指示，其中涉及了办好互助储金会及职工生活困难补助、办好职工食堂工作、解决职工居住地等工作、改进医疗工作、改善劳动条件、社会保险、交通、托儿所、劳动保护、组织职工群众积极参加工资改革、开展文体活动、丰富职工业余

---

① 解放社编：《中国职工运动的当前任务》，新华书店，1949年4月，第8页。

② 中华全国总工会办公厅编：《建国以来中共中央关于工人运动文件选编》，中国工人出版社，1989年，第171页。

③ 张喜亮编：《新中国工会四十年》，海洋出版社，1990年，第86页。

生活等工作。

在制度层面，单位已经开始实施了全面的福利保障，虽然是职工福利，但因为单位具有国家的性质，代表国家来为自己的职工提供福利。而工会在企业中发挥空间相对较大，党政依靠它来做工人的工作，工会积极参与生产，评先进、组织职工提合理化建议、组织劳动竞赛。在企业中，生产由行政负责，工会是协助者。抓生活是当时工会最突出的特征，在工厂中，工会负责处理生产之外的生活事务。受访的企业工会干部总结，当时工会发挥作用主要在两个方面，第一是关心工人生活，第二是能够组织工人进行生产，激励工人的积极性。访问的几个工会干部都提到，工会工作的头等重要的事情就是抓生活，而关心职工的生活也是为了提高职工的劳动积极性。

> SXR：我们工会负责做什么呢，第一件事就是关心职工的生活，这是头等重要的。比如说啊，职工有困难了，工会要负责提供困难补助啊，看望病号啊，负责组织互助储蓄啊。第二个呢，就是组织文体活动，比如说搞个比赛啊，搞个业余团体，业余文艺团体啊，体育队啊，等等。
>
> ZQ：厂长主要管生产啊，管理啊，技术啊。你让厂长去管生活，厂长管也不是不行，但是他总不能整天去忙这个吧，所以一直是工会在管。

1950 年的《工会法》中规定工会有保护工人、职员群众利益，监督行政方面或资方切实执行政府法令所规定之劳动保护、劳动保险、工资支付标准、工厂卫生与技术安全规则及其他有关之条例、指令等，并进行改善工人、职员群众的物质生活与文化生活的各种设施之责任。工会关心工人生活，但生活是个宽泛的词汇，并没有明确的界定。受调查的工会干部将其概括为“非生产之外的都是生活”、“生老病死，婚丧嫁娶”（SXR）。在职工生活领域，工会既提供物质上的帮助，也提供生活中的服务。

工人是国家的主人，他们对工会的判断和评价对工会来说比较重要，而群众路线和管理民主化的要求也决定了工会要靠近工人。工人对工会的判断是“工会为我们做了什么，工会干部对我们态度怎么样”。

ZQ：你说劳动竞赛啊什么的，工人也不在意，他们还是看工会干部为人如何？对工人怎么样？

当时《工人日报》对于一些不关心工人生活的企业进行过点名批评，还登出了很多工人批评企业不关心工人生活的来信。这也使企业行政开始反省自己对工人是不是不够尊重，反省的问题包括食堂饭菜贵、食堂企业化、工人洗澡不方便，托儿所没建好等。在1956年全总举行的职工生活调查工作座谈会上，参会者认为不恰当地在食堂和托儿所实行企业化会影响职工的生活等问题。工会和行政都要负责任。①

（二）工会用于职工福利的经费的来源

此处的职业福利是指除劳保福利之外的包括困难补助、关心工人生活等福利项目。企业工会用于职工福利的经费的来源是工会经费和企业福利费中的一部分。

企业福利费是按职工工资总额扣除副食品价格补贴和各种奖金（包括超过标准工资的计件工资、浮动工资、提成工资等）后的11%提取的。企业福利费除了会拿出一部分作为职工的困难补助以外，另外大约还有一半会用到集体福利上，比如食堂、浴池、宿舍以及其他集体福利等。

工会经费的来源有多个渠道，1950年《工会法》第二十三条规定，工会应根据经费独立原则，建立自己的预算、决算、会计、审核等制度。第二十四条规定，工会经费的来源如下：（一）工会会员按中华全国总工会章程之规定所缴之会费；（二）工厂、矿场、商店、农场、机关、学校等生产单位或行政单位的行政方面或资方，应按所雇全部职工（私营企业中资方代理人不在内）实际工资（包括货币部分、实物部分与伙食）总额的百分之二，按月拨交工会组织作为工会经费（其中实际工资总额的百分之一点五为职工文化体育费）；（三）工会举办文化、体育事业的收入；（四）各

① 《全国总工会举行职工生活调查工作座谈会》，《工人日报》，1956年1月28日。

级人民政府的补助。

其时，关于工会经费的管理办法规定如下：会费的70%用于工会基层组织，作为会员困难补助费和工会日常的工作费；10%由省市级工会掌握，作为调剂某些基层组织经费不足和举办地方性的集体文化福利事业之用；20%缴全国总工会，作为缴纳世界工联会费和市县级以上工会各级组织的行政费。企业拨缴的工会经费：50%用于工会基层组织作为职工的宣传鼓动、文化教育和文娱体育活动等费用；10%留给省市工会，与会费10%合并使用；40%缴全国总工会，与会费20%合并，作为县以上各级工会和干部训练费以及其他的支出。①

通过仔细观察工会经费的多种来源，笔者发现在当时普遍低工资的情况下，工会的会费收入很少，工会经费主要来源于行政拨缴。据工会干部反映，工会经费主要用于工会专职人员的工资、生产竞赛的奖品、开展职工的文体活动、职工的生活困难补助等。至于工会经费怎么用，工会不用向行政报告，只需在召开工会委员会时汇报就可以。

## 二、工会在困难救助中的突出作用

威伦斯基（H. Wilensky）和李宾士（Lebeaux）用两分法把社会福利划分为剩余性福利和制度性福利。前者指社会为无法自助者提供的暂时性、补偿性和紧急性的社会救助，后者指政府为所有公民提供的福利。② 由于当时的民政部门规定，有工作单位的群众是不能享受救济的，所以职工当出现困难时是由单位给予帮助的。工会向困难职工提供的这种福利是一种剩余性福利，与普遍性福利相比，这是一种特殊的福利。1956年，全国总工会颁布了《职工生活困难补助办法》。《职工生活困难补助办法》指出，开展职工生活困难补助工作是政府有关部门和工会的一项共同的、经常性的重要工作。在基层

---

① 中华全国办公厅编：《建国以来中共中央关于工人运动文件选编》，中国工人出版社，1989年，第287—288页。

② 王思斌主编：《社会工作导论》，高等教育出版社，2011年，第55页。

企业、事业单位中，凡是有工会组织的，这项工作一般由工会组织负责；没有工会组织的，由行政部门负责。向困难职工提供补助的形式是补助现金和补助实物相结合，早期补助衣物粮食等实物的比重相对较大，且多为一次性的，具体标准由各单位酌情确定。有条件的单位也扶助困难职工家属从事各种生产劳动，开展生产自救。①

1957 年 1 月 11 日，国务院颁发《关于职工生活方面若干问题的指示》，要求对于遇到特殊事故而生活上发生困难的职工，应该给予适当的补助。企业中这项补助工作可由工会负责，除了工会掌管的用于困难补助的经费以外，企业行政可以在企业奖励基金中提取百分之十作为困难补助费，拨缴工会合并使用。②

在国民经济遇到严重困难的 1960 年，1961 年，中共中央先后几次指示工会，要求工会要侧重关心工人生活，抓好生活工作。1962 年 10 月，党中央、国务院发出《关于当前城市工作若干问题的指示》，要求各地重视和加强职工的困难补助工作，并提出了不同城市和县镇职工的补助标准。根据这一指示精神，全国总工会、劳动部、财政部于 1962 年 10 月下旬联合发出了《关于做好当前职工生活困难补助工作的通知》。《通知》对职工生活困难补助的对象、补助标准、经费来源等有关事项作了原则规定。《通知》要求，补助标准须按照党中央、国务院《关于当前城市工作若干问题的指示》中的规定办理，即在生活费用较高的重要工业城市，对职工家庭每人每月平均收入不足十二元的给予补助；在生活费用较低的一般工业城市，对职工家庭每人每月收入不足十元的给予补助。

党和政府出台的一系列的文件和指示奠定了工会在救助困难职工活动中的责任和地位，困难救助成为工会的“自留地”。在实践中，工会对困难职工的帮助也得到了职工们的认可，是“很得人心”的工作。

---

① 严忠勤主编：《当代中国的职工工资福利和社会保险》，中国社会科学出版社，1987 年，第 252 页。

② 冶金工业部劳动工资司编：《工资福利文件选编（第二册）》，冶金工业出版社，1981 年，第 731 页。

### （一）真正困难的人得到救济

二十世纪五六十年代，职工普遍生活水平较低，困难职工则属于绝对困难人群，全总也在调研报告中把职工的生活状况作了区分，我们可以通过1956年的一份报告管窥职工的困难状况。“由于工资收入不同，供养人口不同，职工的生活状况大致可分为困难户、中等户和富裕户三种类型。根据北京的一般生活水平把每人每月平均生活费不足10元者算作困难户，10元以上不足20元者算作中等户，20元以上者算作富裕户。严重困难户几乎是劳累终日不得一饱，困难户平时平时勉强可以维持最必需的开支，但是每逢换衣、生病、小孩入学交学费、亲友来访等情况就无力解决了。”①

当时由于大部分职工的生活都很艰难，一般生活够维持下去的都不会向工会申请救济，其中有怕麻烦组织的心理，也有怕人说闲话的心理。

> ZQ：那时候自个儿能过得去的事儿就不找组织。一般家不愿意申请，确实有困难的才找来。平时领导会跟工会一块儿去串门儿，有困难时更得去。
>
> 申请救济的人不多，工人轻易不开口，怕给人添麻烦，怕被人说落后。一来群众监督严格，大家都知根知底，谁家什么情况都知道；二来自己也上进，很少有人会说不要白不要，一般是真的困难了才去申请。

当时，职工真正有大困难，日子过不下去了，也先找朋友、街坊，这些渠道都走不通，才会来找工会。怀有不找白不找的占便宜心理的人很少，申请救济的职工遇到的最常见的困难是爱人没工作、家里孩子又多的；或家里有人长期生病或自己患病的，虽然不会看不起病，但生活就陷入了困难，甚至到了没饭吃的地步。另外就是职工遇上天灾人祸，出现生活困难。

---

① 中华全国办公厅编：《建国以来中共中央关于工人运动文件选编（上册）》，中国工人出版社，1989年，第468页。

### （二）民主决定困难救助对象

在困难救助上，企业上层要求依靠群众。各基层单位的困难补助工作，必须走群众路线，力求做到公平合理。①

申请困难救助的程序比较简单，求助者找车间工会小组长，跟工会组长说自己家的困难情况。之后，由工会小组长拿出表格，简单写明申请理由，并在车间工会小组讨论是否给予救助，救助金额多少，然后再报给车间工会的生活委员，在月底召开工作委员会时讨论申请是否通过。车间工会通过以后，救助数额大的还要报到公司工会，而数额不太大的情况下，只要小组讨论后，车间工会就能决定。在老工会干部记忆中，最初申请时连申请表都没有，就是简单的几句话，在会议上说谁谁怎么了。如果自己不申请，别人看到生活过不下去了会帮着申请，或是工会小组长知道后，会动员职工申请或主动替职工申请。因为各家各户的情况大家彼此都了解，因此当时的救助申请一般只要工会小组通过了就可以定下来，不需要公示也不需要提供各类证明。有时工会干部也会去职工家中家访，但更多是慰问。

> SXR：你比如说，我这个工会小组有十个人，那么我在工会小组讨论的时候，我要有五个人以上同意才能通过。通过申请的人，工会会对他们进行生活状况、经济收入等的了解。工会工作人员，包括那些兼职工作人员、小组长们，他们都非常认真地从事工会的工作，所以在20世纪50年代，人们对工会比较信任。工会为什么后来能够发展，就因为50年代工会在人们的心中建立了很高的威信，并且广大职工也承认工会是自己的组织，确信工会就是职工之家。

当时工会小组的讨论一般都比较民主，在评议一个人的劳动态度、生活方式等问题时，大家都会直接指出来，不会拘着面子。当时工会在困难救助

---

① 冶金工业部劳动工资司编：《工资福利文件选编（第二册）》，冶金工业出版社，1981年，第748页。

工作中有一定的权利，在20世纪60年代末，百元以下的申请，工会就可以决定；百元以上的申请，工会可以就困难户的申请再写一个报告，报党委讨论。在工会经费不多的情况下，企业的困难补助一般会由行政支出，工会负责协调。进行困难救助的目的是为了能够调动职工的积极性，搞好生产。对生活困难的职工进行补助，其目的在于减轻职工的生活困难、增强团结，调动职工的工作积极性，搞好生产和工作。[①] 通过这样的理由，工会也一般都能够说服行政参与职工救助。

### （三）钱少作用大

对于困难户的救助，有实物救助，比如换季时补助棉衣裳、棉被，救济布票、棉花票等。有现金救助，分为临时性补助和经常性补助，临时补助比较多，大多是对天灾人祸生活难以持续的工人进行的一次性的补助；长期补助是指对长期困难户进行的救助，长期补助的对象不多，需要工人在符合救助条件的情况下每月进行申请。在不同年份，全总会规定补助的标准。在调查中，工会干部都认为当时工会做困难救助很得人心，体现了工会的作用，给职工办了一些事情，认为钱虽少，但在当时物价很低的情况下，给职工的生活救助发挥了大作用。

> ZQ：那阵要是救济个十块二十块，那真解决点问题，是不是？你说那阵买带鱼，赖点的、小条的两毛五，好点的三毛八。
>
> 访问员：那这个能很大地改善生活了。
>
> ZQ：那时候物价稳定啊，粮食就更便宜了。说生活有点困难，粮食我买不上了，这也用不了多少钱，补助个十块、二十块就能做大事了。

个案LZ是当时厂里的困难户，1950年进入BE厂工作，1989年退休。2010年我访问的时候，他85岁。LZ在1958年的时候是四级工，月工资43

---

① 冶金工业部劳动工资司编：《工资福利文件选编（第二册）》，冶金工业出版社，1981年，第747页。

元，当时全家六个孩子、八口人，只靠他一人工资生活，生活很艰难。那时候的补助标准是每人每月八元的标准，平日他埋头工作，跟工会没怎么联系，等到生活过不下去了，亲戚朋友谁都帮不上忙的时候，因为知道工会也管这方面的事情，他就求助于工会，每月写一次申请，一直持续到 1963 年。1963 年他升五级工了，能够拿 65.5 元工资，就主动不申请了。工会给的这点补助在他看来很有用，能帮着解决吃饭穿衣问题了。让他最记忆深刻的就是有一年，当时临近春节了，车间工会主席出去开会，忘记给他申请表了。开会回来，车间工会主席急忙找到他，说没填表也先拿走三十块钱。LZ 对工会的帮助非常感动，到现在都止不住地念叨：

我一辈子也不能忘了人家啊，当时咱们工会给了三十块钱啊。我心想，太好了这人，哪找这样的人去，人家开会去了，去了好些日子，三十号下午刚回来，当时也就人家问我，人家要是不问呢，人家要是不给我救济呢，真是救了命了啊。

访谈中，还有一件让 LZ 记忆深刻的事情，在 20 世纪 60 年代困难时期，由于 LZ 家里没粮了，自己没吃午饭就去干活，去找车间工会干部要粮票。工会干部看到他的情况，就把自己的粮票给了他，他赶忙买了五个窝窝头拿回家给孩子们吃了。LZ 对这个工会干部也充满感激：

这样的人，我一辈子都忘不了人家。为什么呢，你吃的东西少，人家也少，人家把这粮票给你相当不容易。哪里去找这样的人啊，一辈子我都忘不了人家。一张粮票多不？不多！但是救了你的命啊！

当时职工有完善的福利保障，包括家属都可以享受这些福利，住房条件虽然艰苦，但工人都有自己的房子住，公费医疗、教育收费极低，职工最大的生活困难就是物质生活水平低，孩子多或遇到意外事件的时候就会吃不上饭，这也越发显示出工会困难救助的重要性。

(四) 严格的群众监督

职工在单位中，流动性低，居住得近，大家都彼此了解，再加之走群众路线，工人的集体观念强，群众的监督就很严格。既监督工会是否补助多了、不该补助的补助了，也监督工会是否该给补助的没给补助。

XRK：虽然只有有限的一点钱，但是那时候用起来很严格，而且大家的眼睛也都看着，你做得公平不公平，大家看得很清楚。这种监督是很自然的监督，谁也不敢对哪个人特别偏袒，明明不困难你也补助他，没人敢这么做。相反，如果这个人很困难，你即使不管也会有很多人替他说话。那时候，这项工作是生活部门的一份很重要的工作。

对于接受救济的困难户，群众则要监督其是否生活勤俭、有没有浪费，监督他们是否劳动积极。工会干部提到当年的群众监督，都以“油饼”来举例，油饼在当时是六分钱一个，已然是生活中的奢侈品，困难户吃油饼会被检举，认为是浪费了救助的钱。如果困难户被发现吃油饼了，下次再讨论他的困难补助申请就很难通过。

ZQ：监督的人大有人在，比如被监督的人要是吃了一个两毛钱的菜就会有人反映！会认为吃着补助怎么还可以吃两毛钱的菜。被监督的人也会觉得不好意思，下个月讨论补助申请时就会有点费劲了。

生存伦理贯穿于工会早期的困难救助中。詹姆斯·斯科特认为，生存伦理就是根植于农民社会的经济实践和社会交易之中的道德原则和生存权利[①]。工厂中的困难户求助于工会，是为了让自己及家人生存，要求不高，没有权利意识，得到救助内心就会充满感激。工会干部认为帮助困难户是工会的责任，不能让工人无法生存，这既有生存伦理，也有阶级友情和政治考量的影

① 詹姆斯·斯科特著：《农民的道义经济学：东南亚的反叛与生存》，程立显等译，译林出版社，2001年，第8页。

响。工会的困难救助"救急不救穷"，在困难根源的认定上，如果认为是个人造成的困难，工会会在给予帮助的过程中进行价值观的引导，建议困难户要量入为出，勤俭持家。全总也提倡在给予困难救助的时候对困难户进行价值观的引导，要跟困难户讲勤俭节约。在进行这项工作时，对于那些因为自己能够精打细算、会过日子而不要或少要国家给予困难补助的职工，应该予以表扬，要引导大家向他们学习。要对职工群众进行形式教育和勤俭建国、勤俭持家的教育。①

各单位能够拿到困难补助的人不少，即便是劳动态度不好或是不积极的，在他们生活过不下去的时候，工会在批评的同时也一样会给予困难救助。当时的困难救助制度不健全，也不需要很严格的制度，因为工厂里有严格的群众监督。严格的监督既能保证真正困难的人得到帮助，但也会让这个过程带有耻辱性，将困难户的生活限制在极低水平，甚至有工会小组长当面对 LZ 说：LZ，你是吃救济的，你要注意吃菜一定不能吃好的，要吃一毛钱一簸箕的那种。

逢年过节，工会系统会给困难户多一点关心，要特别突出年节慰问。1956 年的一篇《工人日报》社论写道：按照大家的习惯，春节期间都要吃得好些，穿得整齐、干净些；生活比较富裕的，还要做件新衣服穿穿。这些都要比平时多花一些钱，少数平日生活比较困难的职工，这时候也感到更困难了。所以，要给他们多一些补助，使他们不致因为生活困难而不能快乐地过春节。②

## 三、工会全面介入职工的生活领域

生活所指的范围很广，但是工会如何关心职工的生活，要关心什么，怎么做？这些并没有具体的规定。受访的工会干部总结二十世纪五六十年代的

① 冶金工业部劳动工资司编：《工资福利文件选编（第二册）》，冶金工业出版社，1981 年，第 748 页。

② 《做好春节困难补助工作》，《工人日报》，1956 年 2 月 3 日。

生活工作，就是生老病死、婚丧嫁娶。为职工在这些事情上提供服务，可以视为工会提供的非经济性福利。工会干部的工作与职工的生活、生产密不可分，要让职工有生产的积极性，就要解决他们的生活难题，让他们感受到工会对自己生活的关心。工会把关心职工生活视为自己理所当然的职责，会主动地介入职工的生活中。

### （一）帮职工张罗事

被调查的几个工厂中，工人大多来自农村。进入城市后，工人远离家乡的关系网络，生老病死、婚丧嫁娶不仅仅需要金钱上的支持，也需要人力支持。于是，工友之间会互相帮助，有需要也会可以找工会，由工会负责调配人员或者直接帮着办仪式。工人的婚丧嫁娶，工会都出面帮忙。

> CYL：我就举这例子说，作为工会工作人员，你得想怎么为职工服务，那会没什么钱，工人办个喜事啊，给老人过个生日啊，那时候都挺困难的，我想，咱们怎么为工人服务呢？工会有活动经费啊，我们就从唐山那边的陶瓷厂买点盘子、碗，都是成份的，谁家吃饭还不用盘子啊，装几个大筐。有工人要办酒席时，就组织食堂的积极分子从工会拿着盘子、碗，去别人家做饭去。完了以后再收回来，下次别人再用。
>
> 访问员：这套东西还能长久利用。
>
> CYL：给人点烟抽糖吃，人家也挺高兴的，职工之间互相帮忙嘛，而且我也亲自给他们做过。而且我练的是糊纸顶棚，工人的一间破房子，我就去糊个顶棚，或者去装修房子，每个礼拜都不闲着。那个时候我学会了好多东西，现在做饭也成，开个十桌八桌的，不成问题。我还学会了书法，简单的绘画啦，做木工活啊，甚至缝纫机什么的也会。工会是个广阔的天地，需要你有各方面的知识。

职工本人或家人去世了，工会除了给予生活上的困难救济，也要在土葬出殡时组织人帮忙抬棺材，帮着办理丧事，处理后事。还有工厂里大龄男青年多，遇到适婚年龄还没结婚的，职工就会呼吁工会来帮忙，工会也会组织相亲和联谊会等。

### （二）调解职工家庭矛盾

家在中国具有重要的地位，党也十分重视维护家庭的稳定。职工有家庭矛盾、夫妻吵架，工会都要管，甚至还要主动地管，甚至周末也去工人家里调解矛盾。

访问员：工人家庭有矛盾了，工会也管吗？

ZSL：是啊，那当然得管啊。工人家里有困难了，不团结了，有点家庭矛盾了，工会都要去帮忙做做工作，这都是应该的。

访问员：都是工会去吗？别的组织不去吗？

ZSL：都是工会，行政不可能管得那么具体，所以像这些事，都是工会在做。

访问员：那这都是跟生活息息相关的。

ZSL：对，要真正当好工会主席，那就必须与职工群众心心相连。

访问员：那时工会采取的工作方法有哪些？

ZSL：工会主要负责调解工作，你看要去批评人家也不太可能，所以主要是调解。

问：工会做的事情很繁琐？

ZSL：就是，但是都很费精力，但是不做也不行。职工家里头闹矛盾了，他工作上能有好心情吗？工作上得受影响吧。工作上一受影响，那就得调动职工的积极性，这些都是分内的事。

XRK：有职工的家庭不和睦了，工会小组、组长、宣传干事就要做这方面的工作。要深入到人家家里去做工作，首先要做职工工作，去进行调解说服教育。如果是工作上不满意了，那就直接做职工的工作了。好的工会小组长确实能让职工心服口服。一般职工生活上、家庭上出现问题了，来找工会的居多。吵架在当时是个大事，同住一个家属院，谁家吵起来了，大家都看得很重，会问他们家怎么这样。如果这个职工有点身份，是党员、先进，大家就更得责备他了，会责备他怎么能这样呢？党员也会去做工作。

在做职工工作方面，工会是有优势的，它不像行政那样是站在一个高的角度来调解，而是去劝劝这个、又劝劝那个，比较随便，比较平等。

虽然调解工人的家庭矛盾既耗费精力又要牺牲工会干部的休息时间，但工会干部和工人都认为这是工会的分内事。工会干部们有种很强的责任感，工作积极主动，在他们看来，调解工人的家庭矛盾是为了不影响工人的劳动积极性，也是为了不影响企业安定团结的局面。他们会利用工会跟工人比较亲近的优势，采取说服教育的方式来化解矛盾。

（三）家访是常事

关心职工生活不能等职工来找，工会要主动地了解职工的情况。家访作为了解职工生活，改进工作作风，密切干群关系的重要措施，历来为工会工作所强调。

ZQ 当车间工会主席时，车间生产任务一直比较重，车间主任主要要把精力放在生产上，因此 ZQ 认为，作为工会主席要关心职工生活，拉近与职工之间的距离，表达工会的关心，及时解决职工的思想问题、生活问题，这样才能让职工积极投入生产。据 ZQ 回忆，那时工会工作人员周末基本都没有休息，一般都要去职工家里家访，平常日子每个周末基本都去，而不是要等过年过节才去。家访时，自己一个人去的时候多，有时也和生活委员一块，党支部书记、车间主任有时也会跟着去走访。

ZQ：我打当主席以后就没休息过，没休息过礼拜天。

访问员：是自己有这样一个规定呢，还是那阵真的没有办法休息？

ZQ：反正那阵，从厂工会来说，也都是提倡要关心职工生活。要串门走访，不然你怎么关心法呀。而且不能就等着工人来找你，你也得主动去了解情况。家访一般是礼拜天比较多，有时候是党政工一起。

访问员：好多事都是相互配合？

ZQ：对，我跟书记，我们俩在一个办公室，主任单独有个办公室。反正日常有什么事，大家就及时碰头解决，而一到礼拜六，我们就坐一块商量。

家访的对象是企业的劳模、先进职工，其中以生活比较困难的居多，或者是出现家庭矛盾、家庭不和的。由于工作中不能利用工作时间来解决这些问题，工会就周末去职工家里做工作。有时候行政也会跟着工会干部去家访。在家访工作中，工会干部去得比较多，而职工群众对工会干部的这种关心也普遍比较欢迎，甚至有点感激。

访问员：职工群众也欢迎吗？

ZQ：嗯，你要到职工的家里去，他真是会比较欢迎，再一个好像还会有点感激的心情。

访问员：为什么呢？

ZQ：好家伙，车间主任啊、工会主席呀都会去，有时候书记也跟着，感觉受到重视呗！

访问员：咱带点什么礼物去？

ZQ：不带。那时候没这习惯，呵呵

访问员：就是去看看。

ZQ：嗯。

访问员：要说些什么吗？

ZQ：主要是说点家常话，问问家里几口人啊、日常情况啊。逢年过节还会带上点粮食；家里有病号，生活又比较困难的，还会给点救济金。这些是有慰问性质的，除此之外，别的日常串门走访都没有这个。

访问员：那是不是去之前，提前都得跟他说好，说这周末我们去你家啊。

ZQ：不打招呼，没打招呼，

访问员：不打招呼，直接去啊。

ZQ：对。在家就算，不在家就拉倒呗。

访问员：如果不在家是不是挺遗憾的？

ZQ：说句不好听的话，这个就是为了关心职工生活，顺带着了解了解情况，不是说必须去。有时候事后碰见了，就说昨天到你家，你没在啊，干什么去了，也就过去了呗。不是必须得有点什么事才去。

工会干部通常是周末去家访，如果家访对象家在农村的、有病的、孩子多的，也还会带着米、带着衣服去。家访中工会起主导作用，行政也会跟着去，党也会去，但是去之前不用提前打招呼，职工在就在、不在就不在，不刻意安排，聊天的话题也是家长里短，了解职工的生活状况。

ZQ：一般没特殊情况的就是家长里短。

访问员：家长里短也得有个话题啥的呀，怎么开始呢？

ZQ：聊各家的生活情况呗，有几口人啊，都干什么啊，家在农村的问问房子怎么样啊。

访问员：这就有点像家庭调查，是吧？

ZQ：对，具体就是了解点这情况。

访问员：那了解了这些情况后，回头要跟什么机构汇报一下呢，还是咱工会自个知道就好了？

ZQ：就自个知道就好了，不汇报。

访问员：但这种聊法会让工人觉得你挺关心他们的。

ZQ：对，彼此熟了以后也可能稍微聊得广点、广泛点，聊点比如礼拜天都干点什么之类的话题。

家访表明了企业对工人的关心，工会干部会在这方面起到主要作用。当他们进入职工的家中后，会通过拉拉家常来倾听职工的心声、解决生活困难，既了解了职工的生活状况，又拉近了工会与职工之间的距离。当然在车间这个层级，工会干部与职工之间比较方便接触，家访能多去一些；在工厂这个层级，工会干部的家访就会相对少一些。

## 四、工会与工人比较亲近

二十世纪五六十年代，当时中国社会普遍尊重工人阶级，工人对自己的职业也有自豪感，党群关系、干群关系都比较好。与其他的企业组织相比，企业工会与工人的关系更密切，工会愿意积极主动地关心工人的生活，在帮职工解决生活问题上发挥了作用，所以工人比较信赖工会，有事情来找工会寻求帮助的多，对工会干部也比较亲近。由于多数工会干部都是工人出身，与工人有阶级感情，不摆架子。工会在工人心中有地位，对工人有号召力，不管是动员工人搞生产，还是组织文体活动，工人参与的积极性都很高。虽然工会不提维护工人合法权益的口号，但当企业行政要处分工人、开除工人或者工人受了工伤的情况下，工会都会出来维护工人的合法权益。当职工间出现纠纷了，工会也会主动去调解，工会与职工之间有较强的情感联结。

CYL：那时候企业的工人跟企业中党的领导、行政领导接触都不多，都是跟工会联系比较多，什么事都找工会，而且工会干部也比较随和，容易接触，工会也会给加入工会的工人一些优惠，所以那时候虽然工人都不怎么敢上行政领导那里去，但是却经常到工会这里来。

ZQ：尤其在解放初期，那时候工人对工会可真是亲切，完全把工会当成自己的家。

访问员：那时候工会都做了哪些事情，能够让工人有这种发自内心的亲切感。

ZQ：工会反正也就是关心职工生活，另外就抓生产、抓教育，当时我们这些工会干部也真像个“主心人”一样，啥事情都很热心。工人在我们这里谈事情，就跟在自己家一样。工人自己也说，工会就是咱自己的家，找行政不如找工会好使，尤其是工人家里有生老病死啊、特殊困难啊什么的，工会都会帮着解决，就好像娘家人一样。

在计划经济时期，工会、企业、工人三方是利益共同体，目标都是为了完成生产任务，建设社会主义。党制定了全心全意依靠工人阶级的方针，给了工人参与管理的可能。体制给予了工会较大的行动空间，而当时国内的社会现实也需要企业工会动员职工参加生产和参与企业管理。在这一过程中，企业工会通过与其他部门配合来教育工人，建构工人主人翁的精神。在当时，虽然工会的资源不多，但党和企业行政会对工会工作进行支持。提高工人的劳动积极性是工会扩展自己行动空间的一个谈判条件，虽然不是用正式的谈判方式来获取权利的，但工会会以此来说服行政多给工会支持。工会在生产上辅助行政，在工人生活上主要负责。一方面，工会主动关心工人的生活；另一方面，职工有言说的渠道，职工也敢于发表意见。企业工会在总体社会之下，由于工会的纵向系统具有较强作用，因此虽然工会是在党的一元化领导下，抓革命，促生产，但是它有一定的“独立”地位。由于工会的职能和作用是自上而下赋予的，所以工会有较强的参与性——作为一种地位象征参与班子建设，是民主管理的体现。党给予了工人制度性的保障，赋予了工人“主人翁”的地位，工会在工人与企业协调的过程中与起到了协调作用，确保了工会与工人的尊严。

# 第五章　市场经济时期的国企工会

## 第一节　改革初期的国企工会

### 一、国企自主权增大

1978 年 12 月，党的十一届三中全会召开，会议作出了将全党工作重心从“阶级斗争为纲”转向“以经济建设为中心”的决定，强调经济建设要注重改善人民生活。十一届三中全会宣布“全党的工作重点转移到社会主义现代化建设上来”，标志着中国进入了改革开放时期，党的工作重心将由革命转向建设。为了实现四个现代化，必须对经济体制进行改革。

自 1978 年之后，我国的经济改革越来越倚重市场的力量，党的十二大提出以计划经济为主，市场调节为辅；党的十二届三中全会指出商品经济是社会经济发展不可逾越的阶段，我国社会主义经济是公有制基础上的有计划商品经济；党的十三大提出社会主义有计划商品经济的体制应该是计划与市场内在统一的体制；党的十三届四中全会后，提出建立适应有计划商品经济发展的计划经济与市场调节相结合的经济体制和运行机制。党的十四大报告正式提出，我国经济体制改革的目标是要建立社会主义市场经济体制。党的十四大报告还将我国全民所有制企业由国营企业改称为国有企业。

国有企业占国民经济的主导地位，在国家经济体制的改革的每一步中，其中心环节都是国有企业的改革。作为共和国长子的国有企业，其在以往曾有过辉煌的历史和业绩，现在则被指出存在诸多问题：相当多的企业，程度不同地存在着领导班子软弱涣散，精神不振，思想政治工作薄弱，机构臃肿，人浮于事，劳动纪律松弛，产品质量低，浪费严重，经济效益很差等现象。①

当企业要面对市场时，国企以往的治理框架和运作方式被认为是束缚了国企的行动，损害了企业的活力。党政分开、政企分开、加大国企的自主权成为了改革的基本思路。

1983年4月1日，国务院颁布了《国营工业企业暂行条例》，指出国营企业是在国家计划指导下实行独立经济核算的生产经营单位，企业实行党委领导下的厂长负责制，并实行党委领导下的职工代表大会制度，企业在生产经营活动中实行党委集体领导、职工民主管理、厂长行政指挥的原则。企业在生产行政上受主管部门的领导，企业是法人，厂长是法人代表。

1984年10月20日，党的十二届三中全会通过了《中共中央关于经济体制改革的决定》，这个决定是关于以城市为重点的整个经济体制改革的一个纲领性文献。决定中明确提出：增强企业活力，特别是增强全民所有制的大、中型企业的活力，是以城市为重点的整个经济体制改革的中心环节。围绕这个中心环节，主要应该解决好两个方面的关系问题，即确立国家和全面所有制企业之间的正确关系，扩大企业自主权；确立职工和企业之间的正确关系，保证劳动者在企业中的主人翁地位。②《中共中央关于经济体制改革的决定》确立国家和企业、企业和职工之间的正确关系，是以城市为重点的整个经济体制改革的本质内容和基本要求。《中共中央关于经济体制改革的决定》规定：企业在实行厂长（经理）负责制的同时，必须健全职工代表大会制度和各项民主管理制度，充分发挥工会组织和职工代表在审议企业重大决策、监督行政领导和维护职工合法权益等方面的权利和作用，体现了工人阶级的主人地位。

在增强国营工业企业自主权思路的指导下，1984年，国务院颁布了《关

---

① 中共中央文献研究室编：《新时期经济体制改革重要文献选编（上）》，中央文献出版社，1998年，第113页。

② 同①，274页。

于进一步扩大国营工业企业自主权的暂行规定》，使国有企业的治理框架更加具体化，明确提出国有企业应具有生产经营计划权、产品销售权、产品价格制定权、物资选购权、资金使用权、资产处置权、机构设置权、人事劳动管理权、工资奖金使用权、联合经营权等10项自主权。在资金使用方面，企业可将留用资金设立生产发展基金，新产品试制基金，后备基金，职工福利基金和奖励基金，企业有权自行支配使用……在人事劳动管理方面，厂级行政副职由厂长提名，报主管部门批准，厂内中层行政干部由厂长任免。厂长有权对职工奖惩，包括晋级和开除。

1986年，中共中央、国务院颁布颁发了《全民所有制工业企业厂长工作条例》、《中国共产党全民所有制工业企业基层组织工作条例》及《全民所有制工业企业职工代表大会条例》（简称三个条例），明确规定国有企业实行厂长负责制。这是国有企业领导体制的重大改革。随着国企领导体制的重大变革，全民所有制企业的厂长成为企业法人代表，对企业负有全民责任，在经营管理中处于中心地位。从那个时候开始，厂长被视为企业的“中心”。

1988年4月，第七届全国人民代表大会第一次会议上通过《中华人民共和国全民所有制工业企业法》（简称《企业法》），这是我国第一部关于企业的法律，它确立了国有企业的法律形态、法律地位，以及有关的权利和责任。该法第一次以法律形式明确规定国有企业是自主经营、自负盈亏、独立核算的商品生产和经营单位。该法确定了国有企业可以实行承包、租赁等经营体制，并规定国有企业实行厂长负责制，厂长是企业的法定代表人。在中国，当时企业的法定代表人只有一个，这个人可以以企业的名义行使企业法人的权利，同时也要承担相应的法律责任。在中国的法律体系和企业登记注册体系中，法定代表人往往被认定是最能代表一个法人的利益和行使这个法人权利的人物，因此被认为是企业最有权力的人。该法明确规定厂长是企业的法定代表人，使得厂长的权力在法律上达到巅峰状态。[1]

① 张文魁、袁东明著：《中国经济改革30年·国有企业卷》，重庆大学出版社，2008年，第36页。

国务院于1992年7月颁布了《全民所有制工业企业转换经营机制条例》，该条例指出，转换国有企业经营机制，就是要使国有企业面向市场，使企业成为自主经营、自负盈亏、自我约束、自我发展的法人……该《条例》强调，转换国有企业经营机制，就必须要打破国有企业的“三铁”，即铁饭碗、铁工资、铁交椅制度，实现工人能进能出、工资能高能低、干部能上能下制度。《企业法》中规定的企业的权利，《全民所有制工业企业转换经营机制条例》把它细化为14项自主权。包括产品销售权、物资采购权、内部机构设置权、留用资金支配权、生产经营决策权、联营和兼并权、资产处置权、产品和劳务定价权、工资奖金分配权、人事管理权、投资权、劳动用工权、进出口权、拒绝摊派权，这比1984年《关于进一步扩大国营企业自主权的暂行规定》多了四项自主权。

从20世纪70年代末到90年代初，中国的企业改革基本上是在原有的制度框架下扩大企业自主权，并给予企业和职工经济激励。这样做虽然对提高生产效率起到一定作用，却恶化了长期存在的对生产过程缺乏管理控制的问题，使企业的管理越来越依赖于“按结果付钱”（即把产量和利润指标与企业留利和职工奖金挂钩）。[①] 在此情况下，企业的自主权在增加，但职工很难被开除，厂长还是对管理过程无法实现有效的控制。所以，改革进行了十多年，成效并不显著。国家领导者认为“经济体制改革的中心环节是企业改革，企业改革的关键是转换经营机制，转换经营机制的重点是落实企业自主权”。[②] 改革企业的劳动、人事、工资制度，砸破企业的“三铁”，是转换企业机制的一项十分重要的内容。

随后，全国各地开展了以“破三铁”为主要内容的三项制度改革。在“破三铁”的巨大声势中，1992年全国进行三项制度改革试点的国有企业达到六万多家，涉及职工三千多万人，占当时全部国有企业职工总数的三分之一左右。许多国有企业对新进入企业的员工实行劳动合同制，即实行“新人

① 路风：《国有企业转变的三个命题》，《中国社会科学》2000年第5期。

② 中共中央文献研究室编：《新时期经济体制改革重要文献选编（下）》，中央文献出版社，1998年，第844页。

新办法，老人老办法”，初步破除了国有企业职工就业的终身制。①

在党的十四大确立建立社会主义市场经济之后，1993年，党的十四届三中全会通过的《关于建立社会主义市场经济体制若干问题的决定》指出，建立现代企业制度，是发展社会化大生产和市场经济的必然要求，是我国国有企业改革的方向。②

从1992年开始，国家加快了就业制度变革的步伐。劳动部在1993年印发了《关于建立社会主义市场经济体制时期劳动体制改革总体设想》，希望通过劳动力市场来实现劳动力的合理流动。1994年颁布的《劳动法》强调了企业和劳动者双向选择的权利，并规定全面推行劳动合同制。1995年《劳动法》贯彻实施以后，几乎所有的职工都与企业签订了劳动合同。在双向选择的基础上，国有企业对劳动者进行了优化组合，对劳动者进行考核择优上岗成为国有企业内经常性的劳动管理工作。在1995年9月28日中国共产党第十四届中央委员会第五次全体会议通过的《中共中央关于制定国民经济和社会发展“九五”计划和2010年远景目标的建议》中，减员增效被提出来作为一种搞好国有经济的机制。③

## 二、国企工会：有为才能有位

当时中国改革的重心是经济体制的改革，在这一形势下，厂长的权力得到了实质性的增强，当厂长成为企业的“中心”和“权威”后，这就与以往宣称的“工人是企业的主人”产生了矛盾。1986年三个条例同时颁发，一方面在增强厂长的权力；另一方面也试图加强职代会的力量。这表明中央试图把改革与社会主义的性质有所平衡，“把实行厂长负责制同职工民主管理有机

---

① 张文魁、袁东明著：《中国经济改革30年·国有企业卷》，重庆大学出版社，2008年，第59页。

② 中共中央文献研究室编：《新时期经济体制改革重要文献选编（下）》，中央文献出版社，1998年，第1004页。

③ 刘爱玉著：《选择：国企变革与工人生存行动》，社会科学文献出版社，2005年，第91页。

地结合起来，体现了现代化大生产的要求与社会主义性质的统一，企业领导者的权威与劳动者主人翁地位的统一，高度集中与高度民主的统一”。[①] 全总领导人呼吁，“工会要尊重厂长的中心地位，维护厂长的管理权威；厂长要保证工会和职工代表大会行使民主管理权利，尊重职工的主人翁地位”[②]。

但是三个条例的力量对比并不平衡，甚至有些矛盾。《全民所有制工业企业职工代表大会条例》规定：企业在实行厂长负责制的同时，必须建立和健全职工代表大会制度和其他民主管理制度，保障与发挥工会组织和职工代表在审议企业重大决策、监督行政领导、维护职工合法权益等方面的权利和作用。但是，其同时又规定，职工代表大会应当积极支持厂长行使经营管理决策和统一指挥生产活动的职权。

为了解当时阶段我国企业家队伍的行为特征，把握我国企业家的整体素质和所处的社会地位，中国企业家调查系统于1994年对企业的法人代表（厂长、经理）进行了一次大范围的问卷调查。被调查的企业中，国有企业占74.3%。当问及当时我国企业家在其经营活动中主要投入精力的工作是什么，国有企业的厂长（经理）们选择“寻找新的发展机会”的比例为42.1%。排在第二位的是“企业内部管理”，比例为27.8%。排在第三位和第四位的分别是“销售”，比例为13.6%；“与有关部门协调关系”，比例为10.0%。研究者认为，当时我国企业家追求利润最大化、市场占有率和企业发展的倾向已很明显，但增加职工收入和与有关部门协调关系仍是一些企业家，特别是国有企业的企业家主要的行为取向。当问及“对企业家能否继任现职的最有影响的因素”时，国有企业的企业家选择“企业的经营状况”的比例为72.0%，选择“主管部门的评价”的比例为21.3%，选择“本企业职工的评价”的为6.2%。在不同所有制企业厂长（经理）选择的比较中，国有企业选择“主管部门的评价”的比例相对最高，选择“企业的经营状况”的比例相对最低，选择“本企业职工的评价”的比例相对居中。这些数据在某种程

---

① 中华全国总工会办公厅编：《中华全国总工会文件选编》，中国工人出版社，1982年，第82页。

② 同①，第81页。

度上正是在由计划经济向市场经济转轨这一时期，企业家的权力和利益决定既要依赖市场，又要依赖职工和政府的表现。①

在以经济建设为中心，国家给予国企很强的自主权的同时，国家对其进行制衡的力量却不足。虽然党中央一再申明要全心全意依靠工人阶级，在改革的同时也在健全职工代表大会等制度，意图加大职工的参与，但市场经济中的国企面临自负盈亏的风险，其与职工在利益诉求中的不一致开始变大。

20世纪80年代到90年代中期，工会工作的方式基本延续了二十世纪五六十年代的传统。改革的初期，虽然国家的经济体制发生了改革，国企的治理方式也在转变，但计划经济还是在国家经济结构中占一定的比重，市场经济体制还没有完全确立。这一阶段，企业工会在帮助企业走出困境方面发挥了一定作用。由于当时许多国有企业都陷入困难境地，工人阶级当家作主这类说法在中央文献、全总文献中被反复提起，党和上级工会要求企业工会要帮国有企业走出困境，使企业改革获得工人的理解，鼓足工人的干劲，而企业行政也需要工会配合做职工的思想工作。在这一时期，由于国有企业中行政的自主权被强化，工会需要在企业中努力争取自身地位，促进企业发展，维护职工权益。

### （一）帮行政分忧以获得行政信任

个案GYT、GX、ZSF、ZXZ在改革开放初期都是国企的主席、副主席，他们将多年的工会工作经验总结到一点，就是工会要围绕企业行政的难点做工作，行政的难点就是工会工作的重点。在工作中，工会要帮行政分忧，体现工会的作用，行政才能给予工会各方面的支持，工会为职工说话、为职工办事才有可能实现。

个案GYT：1971年参加工作，1983担任某厂党总支书记兼工会主席，2003年调往公司工会当工会副主席。

---

① 中国企业家调查系统，杨再平、蒲淳等执笔：《现阶段我国企业家队伍的行为特征调查分析——中国企业家成长与发展专题调查报告》，《管理世界》1995年第3期。

GYT认为基层工会要干好工作，必须要跟行政搞好关系，不能单独强调工会的力量。GYT认为自己是厂党支部书记兼工会主席，在企业中还有些发言权，但也同样要与行政搞好关系。

> GYT：你像我当时在基层，那时我是当了书记。我们当时有好多工会主席，他们也有他们的苦恼。有时候你想去维权，但是人家根本就不理你，难事可能找你，或者谁生病了让你去看看他，其他事人家根本就不理你。你要主动地去开展一些活动，就必须把这关系都搞好。

GYT表示，工会要帮行政分忧，针对职工对厂长负责制的不理解，工会要主动去做职工的思想工作。在企业生产遇到困难时，工会要组织生产竞赛，做好后勤服务，组织娱乐活动，鼓舞职工干劲；工会主席要带头组织职工加班加点，去职工家里做工作，讲明厂里的困难，争取职工家属的理解。当企业生产的产品滞销时，工会主席要组织工会会员当义务促销员，将厂里边多年的库存积压外出销售。GYT说，当时外出销售非常辛苦，自己就带头吆喝，外出销售时饭难以按时吃，有时候就着咸菜、馒头喝口水就是一顿午饭。其他几位工会主席都用同样的工作思路做工作，一心为了企业的发展，他们的这些行动打消了行政的疑虑，为工会开展工作争取了便利条件。

### （二）工会在福利分房中处于主导地位

职工住房困难问题从新中国成立时就很突出，在1978年举行的工会九大和1979年召开的全国工会职工生活工作经验交流会议上，全国总工会都提出，要大力协助行政部门逐步解决职工生活中困难最大的住房问题。为了抵制和纠正职工住房分配中的不正之风，全总强调，职工住房的分配和调整，一定要发扬民主，走群众路线，住房分配方案要经职工代表大会审议通过，任何人不得擅自改变。[1] 1980年，宋任穷在同全总负责人谈话时也强调：围绕四化，工会今年要抓几件能够做到的事。如房子问题，工人可以和企业行

---

① 中华全国总工会编：《中华全国总工会七十年》，中国工人出版社，1995年，第450页。

政商量，给工人盖些房子。现在群众最关心的是房子问题。重钢的工人说，我们宁愿少要点奖金，希望多盖些房子。这个问题工会可以办，包括分配房子，这是个大问题。工会要跟行政商量，要召开职工代表大会讨论这个问题，真正走群众路线。[①] 国家允许职工采取“自建公助”、“公建民助”、“自建互助”等多种方式建房，有条件的单位也建立了一批宿舍。由于在计划经济时期，单位采用的是福利分房制度，职工普遍有住房需求，分配不公容易发生纠纷，来工厂闹事的也多。当时企业一般是通过分房委员会来分房的，其中，工会往往是重要的规则制定者和执行者。

GYT 讲述了她是如何在由行政牵头分房造成的一片混乱中，顺利、无纠纷地把房分下去的事情。

> GYT：厂里最初由行政牵头做分房工作，确实行政也感到这是件棘手的工作，当时一些职工就找到厂里大哭大闹，有的还拿着菜刀或者耗子药来威胁厂里的领导。这些人声称不给房就别办公，不给房就要拼命，他们一堆人在办公室根本就不走。

在这样棘手的情况下，眼看厂里越来越乱，在行政没有解决办法的情况下，工会建议行政成立分房委员会，约法三章，用公开、透明、公正、无私的方式来分房。

> GYT：我呢，就建议厂长，是否新开个职代会，而且把公司分给我们厂里几套房子的底告诉大家，究竟怎么分请大家来出主意、定标准，同时成立厂分房委员会。就这样，在我的提议下，首先，领导干部制订了约法三章，当时的约法三章是这样的：第一，凡是申请要房的干部职工要将现住房的面积公开，贴在楼道；第二，分房委员会的成员不参与此次分房，而且不得私下许愿，不得接受行贿；第三，同等条件下，领导干部要让群众，群众中职工优先、双职工优先、无房户优先。约法三

① 中华全国总工会办公厅编：《中华全国总工会文件选编》，中国工人出版社，1982 年，第 9 页。

章公布以后，得到了广大干部群众的拥护。后来，我们又通过工会组长进行了摸底调查，及时将最困难的无房户排列出来，公布了第一榜。我们分房委员会的全体成员也不辞辛苦，加班加点，连礼拜日都不休息，再次进行核实。就这样，分房户的第二榜、第三榜也随即公布，这使我们厂即将激化的矛盾得到了缓解。由于工作得当，本来难度较大的分房工作和调资工作在我们厂并没有引起大的波动，很快就顺利完成了。同时，我们的工作也得到了上级领导的表扬和广大职工的认可。通过这事，也使我感到只有相信群众、依靠群众、心里无私，才能把事情办好。

约法三章由GYT提出并参与制定，由于约法三章使领导干部没有分房优先权，而且分房委员会的成员不参与分房，避免了分房过程中产生利益瓜葛。

GYT：我对领导干部说，咱们都是领导干部，你要想要房就别参加分房委员会，另外谁也别递小条，递小条到我这我也不批。我们其中有一个副厂长想要房，我当时就说了，你要是跟着大家一起，符合条件的话我一定会争取给你分下来。大家一起按情况排分，排在前面就有你，排不到就没有。要是同样的分，那双职工的就得靠前，你作为厂长就得往后。

约法三章一贴出来，由于工会把话讲得清楚有理、规则明确，没有偏向领导干部，厂里的混乱立即就给镇住了。工会主席自己也亲自拿着尺子，一次次地去要求分房的职工家里丈量房屋面积，再贴到楼道公示。

在分房这件事情上，工会体现了自己的优势和作用，而且工会主席也作出了表率，直到GYT退休，她都没分上房子。

GYT：那时候房子也不要钱，我管分房分了三次，三批，等于我们厂的五十多人都有房了，我都没想过自己，从来没想过，我就没有那种概念。最后有空房公司要拿回去了，我们也不要，那会真是特别地单纯。

### （三）积极帮助职工解决生活困难

当时的工会主席由于长期受集体主义教育，具有很强的集体意识和奉献精神，不计较个人的报酬和得失，对工会工作有使命感，企业也需要工会来调动职工的劳动积极性。在分房和工资晋级等牵涉到职工切身利益的问题上，工会干部会建议行政通过职代会来协调，并且工会干部也有发言权。有关职工的日常生活的问题上，工会干部认为关心职工是工会义不容辞的责任。由于这一时期中国的福利体系并没有进行深入的改革，还具有二十世纪五六十年代的特点，单位依然承担了大量的职工福利责任。根据受访者介绍，其曾经在单位会帮助退休职工排队报销药费；带领工会委员、积极分子帮单位70多岁的退休老职工修缮老房子；给在职职工过生日，办生日晚会；为帮两地分居的职工团聚，工会主席还多次去派出所跑户口；还给无家人的老职工亲手办理后事。

> GYT：记得还有一次，也是一名职工给我带信来说，说厂里有一位老职工去世了，死在家里没人管，唯一的儿子又在监狱里，于是我就和厂里的一名副厂长赶到他家。当时一进门，我就看到他斜躺在床上，而且披散着头发。其实我心里也挺害怕的，谁也没处理过这事，但是看到我们的职工死在了家里，我们不管谁管。我又是厂里的工会主席，于是我就跟这个副厂长一起处理了这位老职工的后事，从开死亡证明到注销户口，到买寿衣穿衣裳，直到安放骨灰。由于当时他家那个胡同窄，殡仪馆的车开不进去，我们只好把他从屋里抬出来，走了将近一里多地，然后放到殡仪馆的车上。

在BE公司的历史文献上，笔者看到该厂20世纪80年代的工会主动帮职工解决生活困难，解决职工子女就业问题；配合总务科，对职工个人危房进行调查，帮助40多名职工解决砖头、木料等问题；为解决女职工的后顾之忧，配合托儿所、幼儿园开展“阿姨赛妈妈”活动等。

## 第二节　改革深化期的工会

### 一、国企改革深化

虽然国企改革不断深化，一批国有大中型企业已经进入市场，但是许多国有企业依然生产经营困难，亏损情况严重。1997 年中央提出，要用三年左右的时间，通过改革、改组、改造和加强管理，使大多数国有大中型亏损企业摆脱困境，力争到 20 世纪末使大多数国有大中型骨干企业初步建立起现代企业制度。时任国务院总理的朱镕基同志在中央经济工会会议上的讲话中将国企的问题界定为：我们的国有企业人员过多、组织结构和产业结构不合理的矛盾十分突出，这是国有企业困难的重要原因。只有对国有企业进行战略性调整，把富余人员减下来，产品成本降下来，提高经济效益，国有企业的发展才有希望。实践证明，坚定不移地走鼓励兼并、规范破产、下岗分流、减员增效、实施再就业工程的路子，是搞好国有企业的一条必由之路，一项根本性的措施。①

党的十四届三中全会召开以后，党发出了大力推进国企改革的最强音。经济体制的改革和结构的调整，必然会使一部分人的利益受损，在这场改革中，党要求工人阶级暂时作出一定牺牲。1997 年 9 月 12 日，江泽民同志在中国共产党第十五次全国代表大会提出，实行鼓励兼并、规范破产、下岗分流、减员增效和再就业工程，形成企业优胜劣汰的竞争机制。随着企业改革深化、技术进步和经济结构调整，人员流动和职工下岗是难以避免的。这会给一部分职工带来暂时的困难，但从根本上说，有利于经济的发展，符合工人阶级的长远利益。

之后，各地国企强力推进“下岗分流”方案，为了保持稳定，建立和完

---

① 国家经济贸易委员会、中央中共文献研究室编：《十四大以来党和国家领导人论国有企业改革和发展》，中央文献出版社，1999 年，第 195 页。

善社会保障制度作为改革的配套方案被一再提出。要集中力量保障国有企业下岗职工的基本生活和实施再就业工程。职工下岗后要发给基本生活费，并为他们代交养老、医疗保险费，资金来源原则上实行“三三制”，企业拿三分之一，政府拿三分之一，社会保险等各种渠道三分之一。[①] 根据《中国劳动统计年鉴》相关统计，当时中国累计的下岗职工约3000万。下岗职工不仅失去了工作岗位，也失去了以往全面的福利保障，国家所能给予的就是基本生活费，是很低的标准，“三三制”的保险来源在制度上得不到保证。下岗事关工人的切身利益和命运，是中国工人地位的一个重大转折点。党对工会提出的要求是工会要做职工的思想工作，让职工理解改革的必要性。

## 二、选择：“铺路石”还是“绊脚石”

企业改革使得以往企业中原来的利益共同体开始分化，工会的定位比较彷徨，此前改革的过程中，一直伴随着意识形态的争论，中央也多次重申工人阶级是企业的主人翁，改革过程中要依靠工人阶级，要依靠民主管理。在工人没有大规模下岗的阶段，工会尚可以运用策略兼顾到企业与职工。在中国社会保障体系还没建立起来时，下岗意味着职工失去了工作岗位和正常的收入，生活将难以为继。工人的切身利益受到了损害，当企业让职工下岗时，工会会采取什么样的行动，站在哪一边？

1998年5月14日，江泽民同志在国有企业下岗职工基本生活保障和再就业工作会议上讲：确定减员增效、下岗分流的方案，要由企业领导班子集体讨论，不能个人或少数几个人说了算，还要充分听取职代会的意见。要建立一些保护性措施，充分考虑职工的实际困难，比如避免夫妻双方同时下岗，尽量避免劳动模范、烈军属、残疾人下岗。但是，中央的讲话到基层就难免被理解为：除了这些人不能下岗，其他人都可以下岗，而且“尽量避免”的

---

① 国家经济贸易委员会、中央中共文献研究室编：《十四大以来党和国家领导人论国有企业改革和发展》，中央文献出版社，1999年，第206页。

表述也有模糊之处，也可以理解为实际上这几类人也同样是可以下岗的。所以，虽然职工的意见可以通过职代会提出，但在各地企业着急推进下岗方案的此时，职工的权益难以得到全部保障。

个案 ZXZ：1947 年生，1991 年在某服务公司当工会主席，1993 年之后调到某服装公司当工会主席，2000 年两个公司合并，其担任党委副书记兼工会主席，直到 2007 年退休。在访谈中，他认为企业工会工作在公司合并以后就不好干了。当时合并后的企业有职工 3600 人，其中 2600 人下岗。通过企业管理层制定的下岗方案，企业中除了个别生活困难的、劳模、残疾人由于国家照顾免于下岗以外，其余员工全部下岗。那时候，天天有职工来企业闹，按 ZXZ 的话说是“没过一天消停日子”。由于企业的职工下岗方案需要经过职代会的通过才可以实施，因此企业的工会主席需要做通职工代表的工作。此时，企业党委、行政、工人、基层工会主席都在看工会主席如何表态，ZXZ 意识到，关于拥护下岗方案的表态一定要坚决，要表现出对改革的拥护，不能有丝毫犹豫，否则就会变成企业改革的“绊脚石”。但是，ZXZ 也认为，作为工会主席，他不能忘记自己作为职工“家长”的责任，需要尽力为职工争取利益，实现工会维护职工权益的职能。

ZXZ：全是工会在其中调解。为什么呢？因为通过改革方案需要开职代会，需要职工代表同意才行啊，这个难度就大了。咱们得去找职工代表团代表成员一个一个做工作啊，得让职工理解这个！为什么要这样做啊？你既要维护职工合法权益，也要维护企业利益。如果那个时候工会态度不坚决，很可能就变成企业发展的“绊脚石”了。当时我们合并的时候，基层工会主席都跟我说：Z 主席，现在可是维护职工合法权益的时候了，要是把职工都下岗回家去了，下一届你能不能再被选上呢？那时候包括党委、行政也都在看我怎么表态，看我怎么说话。我是老人了，那时候公司职工给我起了一个外号叫“家长”，什么叫“家长”啊？代表职工利益的家长呗。

访问员：那就是很信任你啊？

ZXZ：认为你能给职工撑腰呗，所以要职代会通过下岗方案这个事情，我就得动脑筋了。公司经理先开了个困难企业座谈会，下属困难企业的党政工领导参加了这个会，并特别邀请了公司工会参加，工会主席、副主席都受邀参加了会议。领导挺看重你的吧，这时候关键就要看你的表态了。第一个发言的是公司的党委书记，党委发言人家好说啊，就说围绕经济抓党建，抓好党建促经济呗。好表态啊，他的角色在那里摆着呢。第二个是我表态，对这次会我做了充分的准备，我特意琢磨着这个发言我要先说什么，后说什么。现在我还记得当时我发言说的四点：第一，先稳住效益比较好的企业，认为公司不要定过高的经济指标，争取使所有企业都能完成任务。第二，工会旗帜鲜明地支持改革。支持改革的本质是什么？职工的权益在企业、生存靠企业，所以需要支持企业改革。但是不能搞一刀切，不管好企业、坏企业一律实行下岗改制，这个我们工会不同意。企业濒临亏损、破产了，职工的工作我们工会会去做。我强调，在企业改制、职工下岗问题上，工会是第一道防线。我当时是什么想法呢？职工有问题必然先找你，我何必自己不主动说呢？职工来找到我，可以让公司的书记、经理有个退身步，可以为企业改制保驾护航啊，他们能不高兴吗？我给你举个例子，我们书记都被职工围过，都是我给解决的。第三，不要把改制、职工的思想政治工作认为是工会、党组织的事，要党政工团齐抓共管，全有责任。我不能把事全揽在我这儿。职工代表大会如果开不下去，怎么办？如果开炸了，怎么办？我不能把矛盾全集中在我这儿。怎么办呢？我就要求在改制的时候，基层提出改制方案，有职代会的，要职代会通过，通过以后，到公司的工会备案。当然，公司也得通过一个改制的决定，但是这个决定不涉及各个基层企业。如果基层职代会、职工大会中有少数人不同意，基层工会要把少数人的意见详细反馈到我这儿，由公司工会再作分析。这是我说的第三点。第四，党组织要做好在改制时期对工会的领导，行政要给予支持，责任共担。咱得把它们一块拽上。有些事情我解决不了的，我得推给党支部，我得把经理叫上。干工会得学会动脑筋。

以上四点发言体现出工会在职工下岗事件中的左右为难的角色。工会作为职工的代表，又是党委领导之下的组织，在企业改制的大潮中既要旗帜鲜明地拥护改革，又要恰当地维护职工合法权益。所以，ZXZ在作了种种铺垫之后，提出了一个既能让各方接受，又能体现工会作用的一个建议，即下岗方案需要得到职代会通过，实现党政工团齐抓共管。

从个人方面说，ZXZ有事业上的追求，本人又确实有工作能力。在他看来“工会工作是好人不愿干，坏人干不了”，想要在事业上取得成就的、能力卓越的人不愿意在工会工作，但如果一个人没有能力、眼力和策略，也干不了工会工作，因为工会工作要求工会干部需要具备很强的平衡能力。

ZXZ：做工会主席光知道息事宁人不行，该你站出来表态的时候你不表态也不行，乱表态更不行。

既需要与党的大方向保持一致，也要恰当地维护职工权益，相当不容易。工会干部处在党、行政、职工之间，当大家利益一致时，工作还比较好做，但是当企业发展目标与职工和工会出现不一致的时候，工会主席就可能面临既要保护自己，又要为职工争取利益的情形。ZXZ表示，作为基层的工会主席，他首先要自保，然后在工作允许范围内为职工多争取下岗生活费，或者在产生劳动争议时，给真正困难的人多争取补助。

ZXZ自认为在他工作的那个时期，公司工会起到了“门锁”而不是“摁钉”的作用。在公司下岗职工闹事、上访等事件中，有的事件党政处理不了，ZXZ就凭借自己多年对职工心态和职工状况的了解，利用自己的威望和职工的信任来做职工的思想工作，安抚职工。在公司职工与管理层关系紧张时，工会会冲在第一线，作为职工与管理层之间矛盾的缓冲器，安定职工，防止事态扩大。2003年3月，当时正值“两会”期间，由于公司下属的服务公司要交给个体经营，大部分职工将被分流。职工听到这个消息纷纷开始闹事，把公司箱子砸了烧了，高喊着“我们要工作”的口号就要上街。ZXZ得到这个消息后第一时间做出了反应。

ZXZ：当时经理、书记要去现场与职工交流，我说你们先别露面，我跟常务副经理我们俩先下去，我们先摸摸情况，听听职工的意见。我们开了一个职工代表大会，把职工先稳定下来，不要让他上街。我说这样职工提出的意见我们可以摸一摸底，你们也有个缓身步，别一下咱就顶“嗓子眼”，这就没退身步了。

工会与企业党政联合，为企业改革扫清了不少障碍，成为企业改制顺利进行的“铺路石”。虽然工会主席们没有忘记自己的身份，也尽量为职工争取了一些补偿，但是随着企业改制和职工下岗分流，公司的控制权更加控制在以厂长为代表的管理层中。

## 第三节　工会参与职能的变化

1997 年，党提出了国企三年改革攻坚和扭亏脱困的目标，2000 年之后，各地国有企业改制不断加速。2002 年党的十六大前后，改制迅速在国有企业中蔓延，许多国有大型企业也迅速加入改制的浪潮之中，改制除了涉及国有企业的产权改革，还牵涉到职工的身份置换问题。2004 年以来，国有企业改制进入平缓期。[①] 随着国企改革的步步深入，职工的利益更需要维护。理论上，改革给工会提供了更广阔的空间，但实际上有的企业工会在维护职工合法权益时却越来越受到行政的影响。

### 一、工作人员少而事务繁多

#### （一）工会规模缩小

根据 2009 年修正的《工会法》第十四条规定，基层工会组织具备民法通则规定的法人条件的，依法取得社会团体法人资格。所以，企业工会不是生

① 张文魁、袁东明著：《中国经济改革 30 年 · 国有企业卷》，重庆大学出版社，2008 年。

产组织，不具有盈利的能力；它也不是行政组织，没有行政权力。二十世纪五六十年代的工会干部工资由工会经费负担，《工会法》第四十一条规定，企业、事业单位、机关工会委员会的专职工作人员的工资、奖励、补贴，由所在单位支付。社会保险和其他福利待遇等，享受本单位职工同等待遇。工会干部的工资和待遇由企业负担，而企业已经成了自主经营、自负盈亏的经营主体，由于企业还要面向市场、转换经营机制、减轻负担，在减员增效的思路下，国企工会的规模被缩小，专职工会干部更少，工会主席大都身兼多职。

1950 年颁布实施的《工会法》中，对于工会干部的人数有如下规定：工会基层组织脱离生产、专门进行工会工作的委员人数，应按各该工厂、矿场、商店、农场、机关和学校等生产单位或行政单位雇用之工人、职员人数多寡决定之，其标准如下：有工人和职员：200—500 人，1 人；500—1000 人，2 人；1000—1500 人，3 人；1500—2500 人，4 人；2500—4000 人，5 人。有工人职员 4000 人以上者，每增加 2000 人，得增加脱离生产的委员一。不足 2000 人之工会基层委员会，需要有脱离生产的委员时，须经上级工会委员会之批准。计划经济时期，工会干部的配置基本上按照这样的标准，但进入市场经济时期后，在法律上已经没有这样上述具体的规定，只是一个模糊的，留给企业很大自由裁量权的一个指导性的规定。

2001 年修订的《工会法》第二章第十三条规定：职工二百人以上的企业、事业单位的工会，可以设专职工会主席。工会专职工作人员的人数由工会与企业、事业单位协商确定。2006 年《企业工会工作条例》第二章第十三条规定：工会专职工作人员一般按不低于企业职工人数的千分之三配备，具体人数由上级工会、企业工会与企业行政协商确定。以上法规虽然对工会工作人员人数提出了一个比较具体的比例，但依然不是一个硬性规定，工会工作人员具体人数的配置虽然说是多方协商确定，在实践中则主要是行政的决定。

受访者 YZ 所在的企业中有六千多名职工，但是只有两名专职工会干部，即工会主席和副主席。据他介绍，其兄弟单位有一万多名职工，依然只有两名专职工会干部。受访者 XL 所在企业有上万名职工，但是只有专职工会三个人，即副主席、女工主任、女工副主任，工会主席则兼任企业党委副书记、纪委书记。XL 之前是普通一线工人，因工作成绩突出，被评为了全国劳模，后到工会工作，担任女工副主任。对于工会的变迁，她有着切身的感受。

XL：没改革之前，有十多人在工会。工会发挥作用挺大，有参与生产部门管理的，有管安全的，还有管宣传的，管什么组织的，管文娱活动的，很多。工会跟职工打成一片，组织职工旅游，有丰富多彩的娱乐活动。自从我进工会以后，自己感觉工会越改越小。

现在包括主席就四个人，职工对工会越改越小很有意见，他们说还是以前的工会好，怎么怎么样，现在工会一年到头也不开展什么活动。人家就这样埋怨。

LXJ 的工作单位是北京某集团的下属企业，是由国企改成的合资企业。该集团下属的其他企业改革后，没有单设工会和党总支岗位，工会被并入党群工作部。虽然 LXJ 所在的企业工会还是独立设置的，但工会主席却身兼数职。

LXJ：我们现在是副经理兼党总支书记、工会主席、劳保科科长，我们是这么叫的。我的行政头衔是在前面，等于总支书记、工会主席、劳保科科长都是兼任，就这么任命的。人企业改制之前工会有八个人，改制之后减少到三个人。工会主席兼党委副书记、纪委书记、工会主席，过去还兼了一个副总经理，卸任副总经理之后就兼三个职。三个工会干部中两个是快退休的，所以我要干的工作有很多。

企业工会工作人数减少折射出企业发展重心和工会在企业中的地位的变化，在有的企业中，工会的功能出现弱化。

CYL：以前有专门的办公室，有组织机构，还有各方面的委员会，现在就设这么一个主席，别人问有工会吗？有！问工作好做么？难！

ZXZ：经过这么一改革，人家企业的党政领导、行政部门就有可能怠慢工会。企业工会经常会就留下一个工会主席，其他工作人员一个也没有，什么事都是你的。

（二）工会工作内容越来越多

随着国家由计划经济向市场经济的转型，工会工作发生了变化，面对复杂的经济和社会环境，党和国家对工会提出了新要求，全总也在政策层面上加强了工会的力量，要求各级工会除了要执行党和国家的要求外，也要回应职工的需求。2006 年，《企业工会工作条例》规定企业工会的基本任务有：

（一）执行会员大会或会员代表大会的决议和上级工会的决定。（二）组织职工依法通过职工代表大会或职工大会和其他形式，参加企业民主管理和民主监督，检查督促职工代表大会或职工大会决议的执行。（三）帮助和指导职工与企业签订劳动合同。就劳动报酬、工作时间、劳动定额、休息休假、劳动安全卫生、保险福利等与企业平等协商、签订集体合同，并监督集体合同的履行。调解劳动争议。（四）组织职工开展劳动竞赛、合理化建议、技术革新、技术攻关、技术协作、发明创造、岗位练兵、技术比赛等群众性经济技术创新活动。（五）组织培养、评选、表彰劳动模范，负责做好劳动模范的日常管理工作。（六）对职工进行思想政治教育，组织职工学习文化、科学和业务知识，提高职工素质。办好职工文化、教育、体育事业，开展健康的文化体育活动。（七）帮助和督促企业做好劳动报酬、劳动安全卫生和保险福利等方面的工作，监督有关法律法规的贯彻执行。参与劳动安全卫生事故的调查处理。协助企业办好职工集体福利事业，做好困难职工帮扶救助工作，为职工办实事、做好事、解难事。（八）维护女职工的特殊利益。（九）加强组织建设，健全民主生活，做好会员会籍管理工作。（十）收好、管好、用好工会经费，管理好工会资产和工会企（事）业。

在访谈过程中，企业工会干部在刚接受访问时，都会用公文的口吻列举工会要做的工作，他们描述的工作内容都大同小异。YZ 的企业每年都有几个大型的工作。一是要着重抓好职代会，并在每个月都召开工会主席例会，讨论对困难职工的生活补助。二是每年由工会牵头开展安全生产月活动。每逢特殊时期，春节暑运，工会主席都会带领劳动保护监督检查员开展劳动安全大检查。三是在女职工工作上每年开展两三回大型的健康知识教育。四是在文体活动上，组织职工举办卡拉 OK 比赛、乒乓球比赛以及春、秋两季的企业运动会。五是搞一些大型的职工代表素质培训，每年开展春运劳动竞赛、暑运劳动竞赛，并开展几次大型的合理化建议。据 YZ 介绍，工会的工作除了以上介绍的这些以外，还包括其他的一些内容。

YZ：还得协助党委、行政，还得帮助人家做好工作。行政的各种涉及职工的会议和活动，我们都得参与，全得管，好多行政的工作都压在工会身上。企业把安康杯、劳动竞赛的组织机构都设在工会了，但是如果行政不配合、不协助，企业的组织力度就不大。

当笔者询问行政与工会做的事情是否应该分清楚时，工会干部认为没必要分清楚，也不可能分清。

YZ：别分得那么清楚。咱们分这么清楚干什么？分清了不就麻烦了吗？现在等于都是一家人，都混在一个锅里吃饭。

访问员：这么多的工作，这么少的人，怎么做，重心又在哪里？

YZ：实际上有的职能是虚的，是执行不了的。

访问员：那么咱们平时做的实实在在的事情是哪些呢？

YZ：实实在在的就是开展知识竞赛，让职工受益保安全；开展劳动保护检查，防止职工发生工伤、发生职业病；开展“三不让”保险，为职工送温暖、送凉爽，解决职工的燃眉之急；开展文体活动，给职工建立健康向上的生活态度、价值取向，基本上做的就是这些了。

在调研的企业中，BE 公司在 2008 年实行了目标责任管理制度，对于公司工会和车间支会有一套目标责任管理体系表。该企业的两个工会主席都兼任其他职务，38 个支会的工会主席大多都是由政工干事兼任，他们除了要做工会工作，还要做一些党支部工作，另外还要负责工资、工时的统计，日常的考勤等。而另外的一些车间支会主席则基本是由工人或干部兼职，专职工会主席极少。公司对于车间支会的考核分为八大类，包括组织建设、民主管理、生活保险、生产劳动保护、宣教文体、女职工工作、财务工作及其他八项内容。

BE 公司的专职车间支会主席 LYY 在评价自己执行目标责任管理体系时说，总之公司工会的意见就是不能拉空。言外之意就是每样工作都要涉及，做得好不好还在其次，但是形式上的东西该有的都得有。

> LYY：一般来说，我们工会的工作就是上级要求的一个不落，要把工作做得很全面，也就是说不是很精，但是也不是最次的。有特色的活动很难搞，毕竟现在公司的主要工作是生产嘛，你没有生产也就没有效益。说白了，公司没有效益，咱们连会费都会少，就是这样。

理论上，改革之后随着职工与企业的利益分化，作为职工利益代表的工会组织应该介入的领域越来越多。但在现实中，工会专职干部大幅削减，工会形式上的组织架构还在，但是职能很难充分发挥。工会要贯彻上级要求，也在做各种活动，但是有的工作深入得不够。

## 二、靠物质奖励参与企业生产管理

以往工会参与生产管理的途径是依靠组织劳动竞赛、组织职工提合理化建议、评优评先等办法。但计划经济时期国家依靠工人，企业行政具有弱权威，工人享受终身就业保障，所以企业需要工会来组织职工活动，提升职工的劳动积极性，促进职工参与企业建设的热情。改革之后，工厂都有严格的规章制度、运用科学的管理体制来加强职工管理，每个岗位都有明确的目标，减员增效后，职工的工作量都非常大。BE 公司的工资分配体制是绩效工资制，车间实行计件工资制。工厂流水作业，一个小时有一个小时的工作量，做不出来，就影响大家，在谁那里卡住了，一目了然。谁干得不好，工资就拿得少。工厂的监控措施也很严格，车间主任的摄像头直接对准生产线。职工工作不积极、产品质量差，工资就拿得少或失业。有经济杠杆和责任到人的制度，企业行政就不需要再借助工会的力量去鼓动。

个案ZW自2002年起担任BE公司工会办公室主任，非常熟悉企业工会工作，对于其工会组织劳动竞赛的尴尬地位，他深有体会。

> ZW：行政说，我养你们这么多人，你一天到晚就给我找事，现在生产困难了，我要组织人手搞生产，你怎么不说。但是要真是反过来，在生产任务紧张的时候，工会说要组织劳动竞赛，他们又会说，你别组织，你组织没用，你组织不组织它该完成也得完成。

在BE公司中，当生产任务紧张的时候，工会组织劳动竞赛反而会被视为添乱。因此该工会现在的策略是依托企业的正常生产流程，职工们按照企业的安排工作，工会在某个阶段视工人的工作完成情况提出表彰。在BE公司工会车间支会的工作目标考核标准中，要求“围绕本单位生产的难点、重点，组织开展劳动竞赛，做到活动有计划、有动员、有实施、有总结，且达到计划目标的加1分”。但在实施过程中，支会却有自己的看法。

> LYY：说白了，例如开展劳动竞赛这样的工作，我们也可以说这个月的生产任务咱们要开展劳动竞赛，但是其实你不开展劳动竞赛这个工作任务也要完成，只不过就是换个名称叫劳动竞赛而已。

翻阅BE公司2000年以来的工会工作报告时可以发现，报告中每次总结年度取得的成绩时，第一项都是工会参与生产、围绕生产开展工会活动所取得的成绩，其次才是民主管理、工会在职工生活方面的作为等。这样的排序基本符合我国企业工会当下的形式，即国家和企业行政的逻辑都是没有生产就没有效益，没有效益就提高不了工人的福利。

BE公司工会参与生产管理的形式有合理化建议评比、征集先进操作法、劳动保护监督检查、参与优秀技师评比等。由于BE公司比较缺少技术工人，因此工会还拿出不少工会经费鼓励职工学技术。

ZW：还有我们就是鼓励职工学技术。我们的职工原来参加技师评定的积极性不高，他们会觉得考这个技师很难，要费很大劲才能考上，但是考上以后工资收入上没有什么差别，所以大家积极性不高，每年我们评技师的时候大家都不愿意去报名。后来我们考虑到这种情况，工会就出了一个关于取得技师资格的奖励办法。规定取得部级技师资格的，工会给予两千元奖励；取得技师资格的，我们给予一千元奖励。这个规定开始实施以后，公司报名的人一下就特别多了，我们当年一共奖励了41个。

针对企业要普及欧洲焊接标准的目标，工会就与人力资源部门等几个部门联合，规定职工凡是投标合格的，每一项奖励100元，五项全部合格的奖励1000元。由人力资源部向公司工会提供名单，公司工会依据名单出具奖励。同时，工会对职工提出合理化建议的也给予奖励。一等奖的奖励标准为300元、二等奖为200元、三等奖为100元、鼓励奖为50元。

ZW：现在做工会工作挺难的，不论是做宣传工作，还是做什么项目，如果没有一定的物质补贴，确实挺难的。这个大家也理解，如果我干了半天一点好处都没有，谁都不会参加。

从ZW的发言可以看出，企业在转企改制以后，树立了优先发展经济的导向，工会开展工作必须围绕企业生产展开，劳动竞赛动员在新时期已经不能取得和以前一样的效果，工会为了提高职工参与劳动竞赛的积极性，促进企业生产管理，着实要费一番心思。以往工会评选的“先进”称号会带给人巨大的精神激励，但在大家都计较物质利益的时代，昔日的称号也“贬值”不少，若要加强吸引力，就需要加大对先进的物质奖励。

## 三、职代会的现实处境

职代会是职工参与企业民主管理的重要形式，企业改制以来，职代会工作在国企中开展得比较规范，但是职工对于职代会能够发挥作用的大小却产生了疑问。在张静对职代会的研究中，对于企业的福利政策等，普通职工是可以通过职代会发表意见，形成一些影响的。而在市场经济时期，虽然职代会作为企业管理的重要组成部门时时被提起，但在访谈中职工对其却有自己的看法。在 BE 公司档案室内，管理档案的大姐对笔者说：

以前开职代会还特别隆重，厂里的闭路电视还直播，现在都不知道什么时候开，也不知道职代会讨论的是什么。

### （一）工会对职代会的态度

在访谈中，ZXZ 还讲了职代会在企业减员增效工作中的一件事，20 世纪 90 年代，当时 ZXZ 所在企业的总经理不重视职代会，一心想推行职工减员增效的提案，以为在职代会只是走形式，但职代会九个代表团有八个不同意，因此上级领导不批准总经理的方案。这件事情让总经理意识到职代会的重要性，ZXZ 也趁机让其去接触职工代表，倾听职工的意见，让企业行政了解职代会的作用。经过了解，总经理吸取了职工代表的建议，修改方案，工会主席也帮着解释，做职工代表的工作，才让方案得以通过。在这件事情上，ZXZ 认为职代会还是有力量的，工会可以借此与企业行政制衡。但是他也认为，在企业改制过程中，职代会应该发挥什么作用，在立法层面没有规定，不能让基层职代会流于形式。

ZXZ：如果你把职代会工作作为走形式，那么第一你把工会提高自己地位和威望的机遇放弃了，第二工会就变成了行政的穿“连裆裤”的了，职工就可能不会信任你工会了，也不会相信职代会了。但是当时由于怕影响企业改制大局，我们职代会也做出了许多让步。

CYL：虽然现在《工会法》坚持了职代会在企业中的重要作用，但是现实中职代会怎么发挥作用呢？有的企业的职代会已经成为了一种形式，它怎么参与企业管理？它参与什么？

职代会是职工参与民主管理的一个有效途径。工会是职代会的工作机构，如果工会能够真正开好职代会，就能提高工会在企业内的地位和威望，也能有效保证职工的利益。但是，由于企业改制后许多企业的工会干部的工资、福利待遇、晋升等都与企业行政相关，因此有的企业中工会并不愿意完全发挥职代会制衡行政的作用，因此导致有的企业中职代会虽然还在照常举行，但职工能否真正参与、表达自己的意见是存疑的。

（二）职工害怕下岗，不敢说话

在计划经济时期，职工作为企业的主人具有话语权，由于企业行政不能决定职工的分配，职工享有终身就业的保障，因此职工在发表言论时顾虑较少。但是随着市场经济的发展，尤其是“砸三铁”之后，企业行政掌握了企业人事任免权，为了保住自己的工作，有的职工开始不敢逆着企业行政发言。

ZXZ：职工其实是最可怜的，咱这职工的工资相对外面来讲要低，这些年职工的工资没变，但是物价一直在变。如果论劳动强度来讲，这里的劳动强度确实比较大，但是职工他经过了下岗的经历后，特别怕第二次下岗，所以，哪怕工资这么低，但是因为福利待遇还可以好，他就非常珍惜。

但是这些工人又是最可气的。我这里收集了这么多的条儿、意见，我一下来之后，他们反映这里是问题，那里也是问题。但是经理下去之后，问他们有什么问题没有，他们就会说没有啊，都挺好的。

访问员：就是说他不敢当面跟经理说？

ZXZ：对，但是人家行政就会说，你那说有意见，我下去就没意见，这不明摆着是你的意见嘛，人家就容易烦。所以职工有时候挺可气的。

但是他也没办法啊，他得生活啊，所以很多东西不敢直接和行政说，他有时候会为了博得经理的欢心把你也给拨下去。

昔日的主人翁如今被工会主席描述为“最可怜、最可气”的人，确实让人感叹。工人辛苦劳作，所得却很微薄，工资增长的速度赶不上物价增长的速度，是为“最可怜”；有意见跟工会干部反映，却在经理面前毫无怨言，让工会干部难以跟行政解释，是为“最可气”。在这“可怜”、“可气”的背后，则暗含着工人地位的变化和工会维护职工合法权益的现实处境。

（三）工会干部不让职工“乱”发言

职代会在讨论与职工利益攸关的大事时，有些职工代表还是“敢言”，但是由于在有的企业中，工会主席因为工会的现实处境或自身原因而不“敢”让职工随意发表针对企业行政的言论。

ZXZ：裁员的问题都要经过职代会讨论，关于职工切身利益的问题职工代表他能不发言吗？

访问员：那是啊！

ZXZ：他真有敢说的，是不是啊。但是我们有些基层的工会主席或者是考虑到党的关系，或者是考虑到自己，有时候就可能不“敢”让职工随意说话。

访问员：那会怎么说呢？

ZXZ：就可能会说你是入党积极分子，你要这么说的话，你要入党就成问题了。

访问员：这不是恐吓嘛？

ZXZ：这还是轻的。

访问员：那万一职工代表说我就这么说呢？

ZXZ：就会说你要这样干你不行走人，我也不维护你了，我也没法维护你。要是厂里要你下岗的话，我也不替你说话了。就是这样，有的工会主席有时干脆就把自己当成行政领导了。

（四）说了也“无用”

工会是职代会的工作机构，职工在职代会上提出的意见、问题、建议，工会负责收集整理、分类。企业相关部门需要回复和解决的职工意见，工会会将相关问题分发给它们。此外，工会还有检查督促职工代表大会决议的执行情况，发动职工落实职工代表大会决议的责任。但是，据笔者访谈了解，现在有的企业中职代会上职工反映的意见很难要求相关部门一一回复，落实成效也不高，影响了职工发表意见的积极性。在访谈中，某职工说：

以前还真有人提意见，后来因为提了也就算了，落实情况不理想，所以之后再提的时候我们就会提点厕所马桶坏了之类的简单问题，这种事情好解决。

对于这些问题，工会干部也有类似的看法，在访谈中，不少工会干部也都认为职工提案质量不高。

ZW：职代会以前一年开三次，后来开一次，提案也不多了，质量也不高，反映后勤补助、浴室水不热、蒸箱蒸饭蒸不熟，打开水水不开居多。

笔者在翻看 BE 企业 20 世纪 80 年代的职代会记录时，民主的气息扑面而来，第一感受就是职代会的记录非常详细，全是手写，有几十篇；接着的感受就是职工代表的意见和建议非常多，职工代表敢说、敢于讲原则，甚至禁止领导干部公车私用这样的提案都有。对于职工的意见，工会都作了很多很细致的整理，哪个问题该哪个部门回答，回答的内容都清楚记录。通过翻阅当时的档案，可以想象当时职工提案的积极与踊跃。时隔多年后，职代会越开越少，职工也不再积极参与。由此可见，当工会提的建议不被重视或者长期得不到解决，职工的参与热情必然会下降。

（五）职工代表的产生

职代会的职工代表按规定应该由职工民主选举产生，但是在访谈中，笔者发现职工代表的选举在一定程度上受到工会领导的影响。在访谈中据职工反映，公司的职工代表一般都是由工会小组长担任。而受访的工会干部也说，职工代表确实是选的，但我们会划定一个范围，在这个范围内选。

访问员：那职工代表是怎么选出来的？

YZ：职工代表肯定是跟我们跑的人。

访问员：不是民主选举出来的？

YZ：是民主选举的，但是我们会先在各个车间里圈定一个圈子。

访问员：就在这里面选啊？

YZ：嗯。

在张静的《利益组织化单位》一书中，她写到有的工会在职工代表人选上的有意控制，但那时普通职工在其中还能占有一定的比例，但是在笔者访谈的企业中，职代会基本都是领导层参会的居多，车间小组长因具有工人的身份，则也作为普通职工的代表参会。

## 四、两个维护的落实情况

工会有维护、参与、建设和教育四项职能，《工会法》明确指出，维护职工合法权益是工会的基本职责。但维护并不单纯指维护职工的合法权益，而是“工会在维护全国人民总体利益的同时，代表和维护职工的合法权益”。两个维护反映了现阶段工会的工作处境，经济体制改革是国家为全国人民的长远利益而推行的，因此企业工会既要与国家政策保持一致，维护企业的发展，又不能不顾自身作为工人阶级群众组织的性质，不提维护员工的合法权益。在社会主义的条件下，不能没有工会这样的群众组织来维护职工的合法利益，工会也不能没有维护职工利益的社会职能。[①]

在企业中，行政和工人对工会的要求有不一致的地方，这在理论上是说

① 中华全国总工会编：《中国工会重要文件选编》，机械工业出版社，1990年，第89页。

得通的，但是在现实中则有一定的矛盾。

> ZW：工会是两个维护：维护职工的合法权益，维护企业的发展。如果说企业垮了，那么职工肯定就没有工作岗位了，他也没有收入了。就是说，从长远来讲，你要维护企业的利益，也是维护员工的利益。

该工会干部向笔者介绍说，BE 公司工会对员工合法权益的维护主要体现在以下几个方面：一是企业重大的决策和决定或涉及职工切身利益的规章制度的出台，需要经过职代会通过才能实施；二是监督政策、法规的执行；三是签订集体合同；四是劳动争议的调解；五是开展企业最低工资检查；六是困难员工救助。

但是，该工会干部也表示，以上所说的这些维护很难全部都落到实处，第一，职代会在企业管理中的作用下滑。第二，职代会和工会对企业管理只有监督权，缺乏执行力。由于工会干部的工资和福利由企业提供，企业工会在许多时候都会遵照企业行政管理规定执行。第三，工会与企业签订的集体合同由于收效较慢，维权具有长期性，导致部分职工不重视集体合同的作用。第四，据该干部介绍，2006—2009 年该企业有三起劳动争议调解案件，一是职工原来的工伤当时没认定，现在复发，职工找来，重新认定工伤，给报了医疗费；二是有人被由干部岗位调到工人岗位，档案没有人事令，要补人事令；三是工厂作业条件噪声大，通过跟有关部门协商解决。也许正如该工会干部所说的，由于国企中劳动关系比较规范，劳动争议较少，三年才发生三起劳动争议。但是需要指出的是，工会在降低劳动争议出现情况上做了很多工作，2002 年该企业工会工作报告中写道：（工会）坚持依法做好劳动争议的调解工作，发现问题及时与有关单位和部门协商，有效地降低了劳动争议现象的出现，杜绝了职工群体上访、上告现象的发生。但是需要看到的是，工会介入的这些事件都不存在尖锐的矛盾，工会好介入，调解难度较小。第五，开展企业最低工资的检查成果只在该企业 2002 年的工会工作报告中有所体现：2002 年工会生活女工部对全厂各单位落实北京市最低工资标准情况进行了全面调查，对低于规定标准支付最低工资的现象进行了纠正。22 名涉及此种情况的员工领取了6.8—185.7元不等的补差工资，共计1631.30元，有效地维护了这一特殊群体的利益。第六，困难职工的救助工作也存在一定问题。

从以上分析来看，企业工作对维护职工权益作出了努力，也为职工争取到一些权益，但是受访职工认为工会的维权力度不大，导致企业和职工都觉得工会在维护对方。

ZW：你说两个维护，那么企业呢，它没觉得，它觉得你总是在维护职工权益。然后呢，职工老是觉得你是在维护企业，认为你根本就不维护我。工作要兼顾两面，这在理论上说起来很容易，但是你做起来真的很难。你稍微偏这边点，职工就说你不给我说话，你就是“工匪”；你稍微偏那边点，工厂就说你工会，我给你们经费，我养你这么多人，你一天到晚在这给我找事。工会工作的最高境界就是员工满意，企业满意。

受访的工会干部表示，工会要平衡与企业行政、与工人的关系。同时，工会要考虑自己的现实处境，毕竟工会的经费和工作人员的工资是由企业支付的，缺少企业的支持，工会很难开展工作。

CYL：工人在20世纪50年代那时候有优越感，但是现在很被动，说今天让你下岗你就下岗了。工会的规模也不如从前，工会现在要维护职工，但是你一个人你能去维护谁去啊，能发挥什么作用？而且你还靠别人发工资呢……

《工会法》第十七条规定：工会主席、副主席任期未满时，不得随意调动其工作。因工作需要调动时，应当征得本级工会委员会和上一级工会的同意。罢免工会主席、副主席必须召开会员大会或者会员代表大会讨论，非经会员大会全体会员或者会员代表大会全体代表过半数通过，不得罢免。但第十八条又有规定：基层工会专职主席、副主席或者委员自任职之日起，其劳动合同期限自动延长，延长期限相当于其任职期间；非专职主席、副主席或者委员自任职之日起，其尚未履行的劳动合同期限短于任期的，劳动合同期限自动延长至任期期满。但是，任职期间个人严重过失或者达到法定退休年龄的除外。前一条规定是为了保护工会主席、副主席，工会干部维护职工权益，不可避免地会触及到企业管理者的权威，坏的后果很可能会被免职或开除，这一条法律是对其进行保护。但是，后一条规定中写的“任职期间个人严重过失或者达到法定退休年龄的除外”，给予了用人单位可以操作的空间，用人单位有可能在法律的框架下，以工会主席在任职期间有严重过失作为借口与工会主席解除劳动合同，这方面的案例在国内也曾多次出现。同时，由于法律诉讼周期长，工会主席在被开除后很难及时维护自己的权益。

“两个维护”的实施在现实中存在一定困难，也给工会干部的协调能力提出了很高的要求。但是，需要指出的是，两个维护不能变成工会干部的“退身步”和挡箭牌，不能在职工不理解工会工作的情况下就用两个维护去解释自己的行为。一方面，维护不能影响正常的工作秩序，维护企业的发展从长远来说就是维护职工的利益；另一方面，工会干部也要明白，维护只是保障职工合法权益的底线，工会干部应该在保障职工基本权益的基础上，促进其发展性权益。

ZXZ：改革开放以后，你首先要围绕经济中心开展工作，这个咱们职工都明白，如果你首先不维护企业的权益、利益，仅仅单纯去维护职工的利益，那是无源之水、无本之木，这个咱们都明白，职工也明白。

轰轰烈烈的下岗潮之后，职工也明白了，工作最重要。咱替职工做思想工作也好，维护职工也好，不就是维护他的饭碗吗？对不对，一旦饭碗都没了，谈什么都没有用。

所谓维护，维护的是你的合法权益，不合法的不维护，是不是？我老说这个，上班迟到早退，这维护吗？这不能维护。到街上扰乱社会治安，这你能维护吗？不能维护。上边说得很清楚，合法权益。保证他的劳动权利，这是最大的维护。保证他的最基本生活，这是最大的维护。另外，维护也要讲场合，行政正开着总结会呢，说我这作为职工我应该提点什么，这个不行，场合不对。

访问员：这就是有一些职工想不明白的地方。

ZXZ：想不明白，有人当时就站起来质问，结果后来就不让职工参加了。职工代表大会上你可以表达意见，这个才是你发表意见的地方。

访问员：不过按理说他在那也是可以说的啊。

ZXZ：可以，应该是可以，有什么不能够说的啊。但当时就被请出去了，经理他有权啊。所以改革开放后企业管理的形式变了，经营者的身份发生变化了，被管理的对象也发生变化了。

ZW：维权不能影响正常的工作秩序。职工有不满意了，就跑去跟管理层谈，这样肯定不行，那你就没有做到两个维护嘛。我们所做的一切，包括维护职工权益，都是为了企业的长远发展。但是作为职工，也要体谅企业，只有企业好了，我们的工作才好开展，职工的收入才会增加，是不是？

“两个维护”给工会主席的协调能力提出了很高的要求，解释“两个维护”的含义并不难，但真正面对现实问题，尤其是职工和企业的利益发生尖锐冲突时，工会干部就陷入了难以抉择的境地。工会主席对职工的具体利益被损害的情况，心里会很清楚，但在他的言语和行动上，他也要顾及企业的利益，协调双方的关系。

## 五、思想工作转变方法

在计划经济时期，思想工作是一个很有力的武器，工会干部善于动员职工。职工也容易听进去。“用生动的思想政治工作团结广大群众，是我们的一大政治优势，是必须长期坚持的战略方针，也是建设‘四有’职工队伍的重要保证。企业思想政治工作要把能否调动广大职工的积极性，是否有利于发展生产和提高效益作为根本标准，把尊重人、关心人、爱护人作为基本指导原则，坚持理论联系实际，从大多数职工的实际思想状况出发，按照不同层次提出不同要求，注意先进性与广泛性的结合。”① 在深化企业改革时期，党

① 中华全国总工会编：《中国工会重要文件选编》，机械工业出版社，1990年，第89页。

和国家也对工会提出了要求："党委和工会组织，都要学会做过细的思想政治工作，及时化解职工内部矛盾，增强团结，提高战斗力。"① 但是，改革开放后的工会，在做思想工作的时候也遇到了一些问题：

### （一）思想工作难做

计划经济时期，工会思想工作对企业发展起到了积极作用，甚至在20世纪80年代还能起作用，但是随着企业经营自主权的放开，工会做思想工作变得困难重重。难做的原因之一是企业干部和职工工资收入差距大，企业的发展成果职工得到的少，职工难以建立与企业共同发展的意识。

> YZ：现在企业的领导有一点不好，很多东西不公开，挣多少钱谁也不知道，实际上他们真以为大家不知道啊，不可能不知道，所以职工心理严重失衡。这些职工，他们心里也聪明，从住房上、吃穿上、消费上，还有各方面，他都看得出来企业工资的差异。这种情况下，要想让他感谢你，没有，不骂你就很不错。
>
> ZXZ：现在工人缺少主人翁的思想，不珍惜生产资料。但是工人作为国家的主人，你得让他体现出来，现在老说建立企业利益共同体，但是您一年拿40多万，职工拿一万块钱，这个关系怎么处。都说和谐社会，和谐社会是有先决条件的。

2002年，中国开始推行国企高管年薪制，规定高管年薪不得超过职工平均工资的12倍，但现实中这个规定已经被突破。中国国企高管与一线工人的工资收入差距非常大，具体的差异一直没有权威的调查数据，但根据一些不同来源的调查和报道，实行年薪制的国企高管，许多人每年收入在百万以上，有的甚至达到千万。2010年全国总工会发布了一项总工会关于2009年职工收入的专项调查。根据上市公司年报分析，208家国企高管与一线职工的收入相

① 中共中央文献研究室编：《新时期经济体制改革重要文献选编（下）》，中央文献出版社，第1228页。

差近18倍，而调查显示，两成职工5年间从未涨过工资。被调查职工月均工资2152元，为全国城镇在岗职工月均工资的88%。其中低于此标准的占67.2%；低于标准50%、每月只拿1000元左右的占17.3%；低于最低工资标准、每月只拿几百元的占4.8%。低收入职工主要集中在一线和农民工群体。[①] 而根据中国经济体制改革研究会的一份研究报告，中国国企高管工资是最低工资的98倍。[②]

受访的ZXZ 2000年在其公司当工会主席，2007年退休。据其介绍，在他工作期间，抓得比较好的是集体合同，建立了工资增长机制，还因此在2007年被评为北京市的“先进”。

> ZXZ：反正在我当工会主席的时候，如果每年公司利润率相比前一年有增长的话，只要增长，职工的工资就能增长10%，最多的一年我们增长了17%。

能与行政协商，把工资增长的比例写入集体合同中并实行，说明ZXZ担任工会主席期间的该企业工会是有突出成绩的。但当时该企业一线职工的平均收入才1000多元，基数小，就算是按照工资增长的最高比例来计算，职工每月才多收入近200元。况且，能建立职工工资增长机制的企业并不多，职工并没有从公司的利润增长中分到多少好处。

同时，虽然职工对工作的态度表现出来的是思想问题，可其根源却是政策问题，如果工会干部自己对现实还想不明白，又如何做职工的思想工作。

> ZXZ：这职工所谓的思想问题，其实是一个政策问题，你解决得了么？咱们举个例子，这退休职工找您来了，他们会拿事业单位来跟他比，“他资历还不如我，但他地位却比我高”，这咱们解决得了么，你解决不

---

① 来源于新浪网：题为《全国总工会：国企高管与职工收入差18倍》，网址：http：//finance.sina.com.cn/g/20100309/15417529951.shtml，最后查阅日期：2014年6月2日。

② 来源于21世纪网，《21世纪经济报道》数字版，题为《许善达：减税3000亿才有助收入分配改革》，网址：http：//epaper.21cbh.com/html/2011－12/16/content_13853.htm？div＝－1，最后查阅日期：2014年6月2日。

了，这政策又不是咱们制定的。是不是啊？咱们只能说，你有什么困难，可以跟工会提出来。咱们也知道，中国的改革是从经济领域开始的，是从最底层开始的。现在中国贫富差距比较大，所以现在在企业里面，职工没办法，他也很清楚，你工会能做的工作就这些，你工会做不到，做不到他也不难为你了，就这样。以前的难事变得容易，以前容易的变得难了。比如说，过去的难事就是开除职工，但是现在怎么样，现在真要开除职工你拦得住吗？拦不住。

以上这段话反映了工会干部做思想工作的困难，职工与企业已经不是利益共同体了，干部和职工之间的收入差距很大，职工自然有想法，但是当职工来找工会时，工会干部也无能为力。工会缺乏影响行政的资源和手段，职工看到这一点，对工会的期待也就降低了，相对应，工会对职工的说理与教育也就乏力了。

（二）做思想工作的新方法

以往的思想工作方法不奏效，但在新时期工会仍然要做职工的思想工作，不过因时制宜，工会做思想工作有了新的说法和做法。以下是几种比较常见的做法：

第一，引导自我调节。有的工会干部会建议职工减少跟别人攀比，淡化物欲追求，否则压力太大容易生病。跟以往比，现在生活水平好太多了，知足常乐。穷富都在于自己想象。

YZ：比如一些个得癌症的，老生病的，他们都郁闷，压力大。有时候想起来工作有压力没有，我觉得也没什么压力，就看你怎么去想这个问题。你看我吧，现在住这房子，13 平方米多，小平房，上下两个屋，我觉得挺好，是吧。要跟我的父辈比起来，我觉得我就是过着非常好的生活了。小时候，家里要是想吃顿肉都得逢年过节，现在我什么时候想吃都可以买去，是吧！我不跟别人攀比就没有压力，这些压力好多是自己产生的，是吧。你看云南、贵州，我经常跟他们聊聊这些长寿地区的居民一个人一个月花30多块钱，他们都活100多岁，他们对物欲的追求特别平淡。对于有知识、有文化的人来说，生活也未必需要多么富裕，穷和富完全在于你自己心里怎么想的，是吧。

访问员：那你说的这些都是自己总结出来的道理啊，那你跟职工聊的时候怎么跟他们说。

YZ：对啊，我愿意跟他们说。在保健课上，班组长培训课上，我负责讲职工权益，就尽量多给他们讲这些。

第二，落后就被淘汰，树立职工的竞争意识和危机意识。国家确立市场化的目标后，工会干部就直接用市场经济的规则来给职工做思想工作，告诉职工现实很残酷，竞争无处不在，一个饭碗好几个人抢，一定得好好干，否则就会被市场淘汰，真到那一步，工会也起不了作用。

ZXZ：所以现在的思想工作好做了，好做在什么地方，用市场经济好解释啊，你现在再像过去那样讲你是国家的主人，是企业的主人，那倒反而不行了。

访问员：那现在都怎么解释呢？

ZXZ：现在就是讲竞争。你不学习，你表现不好，你就是被淘汰，到时候工会都拦不住。

ZXZ把他的这种思想工作方法贯彻到基层，要求每个月基层召开一次职工大会。

ZXZ：现在不像以前那样进行政治学习，主要是总结销售业绩。工会小组长要讲职工需要注意什么，比如说，今天经营不好，奖金肯定要少拿，咱们好好干，别忘了这饭碗，你这一个人的工作还有好几个人抢着干，你不好好干，就得让人抢走，就这么讲。树立职工的危机意识。现在不像过去，进了企业就是主人，谁也动不了你。我们也提前跟职工讲清楚，工会能干什么不能干什么，维权是先把职工的岗位维护住，前提是企业能不能生存，企业能生存，职工岗位就有保证。

工会这样做思想工作也许在某种程度上能安抚职工，激励他们好好工作，但这些说法的目的都是让职工认清现实、接受现状、努力工作、不要争不要闹，并不利于培育和提升职工的权利意识。

## 六、工会与企业行政的关系

在国企，工会的合法性来自国家的赋权，国企虽然面向市场，但是也必须设立工会。然而，对于企业工会而言，其能否发挥作用，力量如何则没有得到国家的赋权，上级工会对下级工会也只是业务指导。国家推行“以经济建设为中心”的政策，政企分离、党政分开，从法律上保障了企业行政管理的自主权。企业以经济利益为导向，已经成为了自主经营、自负盈亏的法人，而工会的岗位、资源都来源于企业。工会发挥作用的空间，与企业行政的支持力度有很大关系。

LXJ：你（工会）吃着它（企业）喝着它，工资和经费都是它支持的，所以你必须考虑它的想法，不然你就没有办法开展工作。

访问员：但是如果你不为职工办事会怎样呢?

LXJ：你不为职工办事，职工现在还说不了你，因为职工还指着企业吃饭呢。

在访谈中笔者发现，在企业中，工会的评价机制基本没有，职工的评价甚至还可以控制，这可能导致上级工会考核企业工会的方法起不到监督和制约的作用。

YZ：上级工会给我们发张表，我填什么是什么。

访问员：发的是什么表啊?

YZ：就是考核、测评，各种数字的统计，花了多少钱，职工满意率怎么样。我说多少就是多少。

YZ 认为，必须要与行政搞好关系，其认为自己本身就是行政人员。

YZ：我们靠行政开支，行政能决定我的地位，我不跟他们搞好关系是非常不明智的。

所以，ZZX在访谈时说，他担任工会主席的时候跟总经理直接就说：

你管订单，我管内，什么“鼓包”的事、稳定的事归我处理。我一定给你把轿子抬好，既不会墩着你，也不会颠着你。

在访谈中可以发现，企业改制以后，有的工会干部自我调整了心态，不突出工会的地位和作用，也不想工会取得什么成绩，只要工厂不出大事就是成绩。能拦住职工不去找行政就不让职工去找，不能给行政工作添麻烦。

ZW：干工会工作，你必须有好心态。工会是什么呀，办好事、办实事，但是你不能觉得自己是在办好事办实事，你不能表扬自己，你不能觉得这些事都是自己做的，我们如果有这种想法，工会工作就做不了。你只要工厂不出事，没有侵害员工利益，这就是成绩。

企业改制以后，企业工会岗位的设立、工会工作人员的工资都来源于企业行政，虽然上级工会与下级工会具有业务指导关系，但双方并没有严格的约束机制，因此企业行政对企业工会产生的影响会更大一些。

## 第四节　工会福利职能的变化

### 一、国家福利体系建立

计划经济时期实行的单位福利制度，单位替代国家为职工提供了全面的福利保障。企业的盈亏与福利无关，亏损的企业也可以由上级主管部门拨付款项来平衡并获得福利待遇。虽然不同级别和不同规模的单位福利设施差异很大，但基本上单位正式职工都可以享有均等的制度性的福利。大企业的集体福利事业可以涵盖职工生活的各个方面，被称为“企业办社会”。改革开放后，企业办社会备受诟病。有学者认为，在新中国成立初期，由于国有化程度相当低，并且国家政权急于表现出（通过对国有企业职工的过分恩惠）统治的道义性，高福利已经成为国有企业的弊病。[①] 企业的福利制度就在这种不计成本的全面所有制经济制度中寄生，并且越来越庞大。它也许是最终拖垮国家财政的重要因素。[②] 当国企实施自负盈亏、独立核算后，单位福利制度便成了企业的负担。为了保证经济体制改革的顺利进行，国家开始逐步建立社会保障制度。

20 世纪 80 年代，中国开始进行养老保险制度改革。1986 年，在对国有企业养老保险进行社会统筹的同时，也开始对职工实施养老保险的个人缴费制度。1991 年 6 月 26 日，国务院颁发了《国务院关于企业职工养老制度改革的决定》，文件要求除企业缴纳养老费用外，所有参加社会统筹的职工个人也都要缴纳养老费，从而奠定了我国养老保险金由基本养老保险、企业补充养老保险与个人储蓄性养老保险构成的格局。1993 年《中共中央关于建立社会主义市场经济若干问题的决定》提出了“城镇职工的养老和医疗保险由单位和个人共同负担，实行社会统筹和个人账户相结合”的改革方针。1997 年，国务院发布了《关于建立统一的企业职工基本养老保险制度的决定》，确定了统一的城镇企业职工基本养老保险制度。

20 世纪 80 年代以来，医疗和公共卫生机构推行市场化经营的模式，1984 年 4 月 28 日，卫生部和财政部联合发出《关于进一步加强公费医疗管理的通知》，提出要积极慎重地改革公费医疗制度，开始了政府对传统公费医疗制度改革探索的新阶段。1988 年 3 月 25 日，经国务院批准，成立了由卫生部牵头，国家体改委、劳动部、卫生部、财政部、医药管理总局等八个部门参与的医疗制度改革方案研究并对医疗改革试点进行指导。

1998 年 12 月，国务院召开全国医疗保险制度改革工作会议，发布了《国务院关于建立城镇职工基本医疗保险制度的决定》，明确了医疗保险制度改革的目标任务、基本原则和政策框架，要求 1999 年，在全国范围内建立覆盖全

---

① 杨晓民、周翼虎著：《中国单位制度》，中国经济出版社，2000 年，第 68 页。

② 同①，第 70 页。

体城镇职工的基本医疗保险制度。以这一文件的发布为标志，中国城镇职工医疗保险制度的建立进入了全面发展阶段。2005 年 7 月 28 日《中国青年报》刊出的由国务院发展研究中心负责的最新医改研究报告，通过对历年医改的总结反思，认为之前中国的医疗卫生体制改革基本上是不成功的。这种结论主要建立在市场主导和政府主导争论基础之上，而正是这份报告让 2005 年成为新一轮医疗体制改革的起点。

为减轻国有企业经济体制转轨带来的贫困问题，1993 年，中国政府首先开始对城市社会救济制度进行改革，尝试建立最低生活保障制度。国家从 1994 年起提出再就业工程，并在 1995 年年初推广到全国范围。1996 年 7 月推出“再就业服务中心”，以保障部分下岗职工的基本生活。1998 年 5 月 14 日，江泽民同志在国有企业下岗职工基本生活保障和再就业工作会议上提出：全党动手，动员全社会力量，共同做好国有企业下岗职工基本生活保障和再就业工作。1998 年 6 月 9 日，中共中央、国务院发布了《关于切实做好国有企业下岗职工基本生活保障和再就业工作的通知》。1999 年，全国所有城市和有建制镇的县城均建立了最低生活保障制度。同年，中国政府正式颁布了《城市居民最低生活保障条例》，为城市贫困居民提供最基本的生活保障。

1991 年全国住房制度改革工作会议召开。1994 年 7 月 18 日颁布了《国务院关于深化城镇住房制度改革的决定》，该文件的根本目的在于建立与社会主义市场经济体制相适应的新的城镇住房制度，实现住房商品化、社会化；加快住房建设，改善居住条件，满足城镇居民不断增长的住房需求。其基本内容为：把住房建设投资由国家、单位统包的体制改变为国家、单位、个人三者合理负担的体制，把住房实物福利分配的方式改变为以按劳分配为主的货币工资分配方式。[1] 1998 年 7 月，国务院发布的《关于进一步深化城镇住房制度改革　加快住房建设的通知》规定：停止住房实物分配，逐步实行住房分配货币化；建立和完善以经济适用住房为主的住房供应体系。

---

① 中共中央文献研究室编：《新时期经济体制改革重要文献选编（下）》，中央文献出版社，1998 年，第 1123 页。

经过改革，全国总工会不再掌管社会保障体系，而由劳动部（现人力资源和社会保障部）负责，企业的人事劳资部门管理职工的各类保险。

有研究者认为，在市场经济条件下，职工具体问题（福利问题，生活问题）突出。中国人民大学舆论研究所和深圳商报社于1993年4月7—12日对公众进行了抽样调查，了解公众优先考虑和希望解决的社会热点问题。结果表明，工人比一般公众更加关心日常经济生活问题，尤其是个人生活福利问题。[①] 1997年，全总进行的中国职工状况调查也表现出职工和干部对于工会的定位和期待。职工认为当前基层工会应重点抓好的工作之一（排序题），选择帮助职工解决困难的比例占到44.5%；在此题中排第二位的是民主评议干部，占20.89%；认为本单位工会帮助职工解困方面发挥作用如何，选一般的占34.8%；有作用的占37%；作用很大的占9.7%。党政工领导认为当前基层工会开展的最受职工欢迎的一项工作是：排在第一位的是开展送温暖活动，占31.3%；排在第二位的是平等协商，签订集体合同，占14.5%。

## 二、企业的集体福利的变化

### （一）企业福利费缺乏保证

企业的集体福利主要由福利费支持。计划经济时期，关于机关、事业单位的福利费与企业单位福利基金的提取，由中央有关部门作统一的规定，主要是按各单位职工工资总额提取若干百分点（如2.5%或3%），也可从国家机关的行政管理费、企业的管理费及事业单位的事业费中提取部分经费用于各类职工福利补助。[②] 1992年，《企业财务通则》规定，按照工资总额的一定比率提取职工福利费。按规定列入成本的职工福利费，由原来的按企业职工工资总额扣除副食品价格补贴和各种奖金（包括超过标准工资的计件工资、

---

① 冯同庆著：《直话直说：面对市场经济大潮中国工会怎么办——与基层工会主席谈谈心》，北京：经济管理出版社，1994年，第30页。

② 周建明主编：《社会政策：欧洲的启示与对中国的挑战》，上海社会科学出版社，2005年，第182页。

浮动工资、提成工资等）后的 11% 提取。后来，按照 2000 年《企业会计制度》的规定，企业应当根据国家规定，计算提取应付福利费，计入成本、费用。具体而言，从费用中提取的职工福利费，提取比例为职工工资总额（扣除按规定标准发放的住房补贴）的 14%，职工福利费主要用于职工医药费、职工生活困难补助等方面。2007 年 1 月 1 日起施行的《企业财务通则》的第四十三条中只提到了依法缴纳的社会保险可以直接作为成本（费用）列支。2007 年 3 月 20 日，财政部发布的《财政部关于施行修订后的〈企业财务通则〉有关问题的通知》（财企〔2007〕48 号）中指出，企业不再按照工资总额 14% 计提职工福利费，2007 年已经计提的职工福利费应当予以冲回。2006 年，《企业会计准则》要求福利费不再计提，职工福利费的核算主要是尚未实行医疗统筹的企业职工的医疗费用，职工因公负伤赴外地就医路费，职工生活困难补助以及按照国家规定开支的其他职工福利支出。

2008 年 1 月 1 日起施行的《企业所得税法实施条例》第四十条规定所指的企业职工福利费，包括以下内容：

第一，尚未实行分离办社会职能的企业，其内设福利部门所发生的设备、设施和人员费用，包括职工食堂、职工浴室、理发室、医务所、托儿所、疗养院等集体福利部门的设备、设施及维修保养费用和福利部门工作人员的工资薪金、社会保险费、住房公积金、劳务费等。

第二，为职工卫生保健、生活、住房、交通等所发放的各项补贴和非货币性福利，包括企业向职工发放的因公外地就医费用、未实行医疗统筹企业职工医疗费用、职工供养直系亲属医疗补贴、供暖费补贴、职工防暑降温费、职工困难补贴、救济费、职工食堂经费补贴、职工交通补贴等。

第三，按照其他规定发生的其他职工福利费，包括丧葬补助费、抚恤费、安家费、探亲假路费等。

该条例第四十条规定：企业发生的职工福利费支出，不超过工资薪金总额 14% 的部分，准予扣除。

综合以上法规的规定，职工福利费的计提在会计上已经取消了按照工资总额 14% 的计提比例，既可以一点都不提，也可以根据需要自定比例提取，但不能超过企业工资总额的14%。《企业所得税法》规定的福利费的用途只是一个建议，不具有强制力，职工享有什么样的集体福利只能依企业的情况而定。

在LXJ所在的合资企业中，企业直接就不提福利费了，困难补助也不归工会管了。ZW所在的BE公司中，因为有革命的传统，是典型的国企，所以还保留了福利费。但是，其福利费虽然没有被取消，但也紧缩了很多，有很多限制。现在BE企业的福利费支出主要是员工困难救济、员工疗养、劳模疗养、员工体检、女员工体检。工会每年报预算，行政支持一部分，不够部分由工会经费补差。例如，如果员工疗养需要50万元，福利费支持30万元，其余20万元就由工会经费支付。如果福利费临时超出预算，行政就很难再拨款。

> ZW：福利费过去按工资总额的14%提取，现在不能提了。
>
> 访问员：就是说还在那?
>
> ZW：就是说，你符合这个规定，然后你可以花这么多钱，你没花的，你就不能再提出来了，好比100块钱我可以提14块钱出来。
>
> 访问员：那不能提取的经费放在哪里呢？放在工会还是放在财务？
>
> ZW：还在财务那！有好多福利待遇都是从人家那里走的，这14%的福利费都在人家那里，好比困难职工救济工会需要3块钱，它就把3块钱给我们，入我们账户，然后我们每年都给困难职工发，相应凭证都有。如果今年提了14块钱，没有用完，只花了10块钱，还剩4块，明年他又提14块钱，花了10块钱，又剩4块钱，完了原来它就有一个累计结余。但是现在不允许了，根据新的相关规定，就是说100块钱你可以提14块钱，那么你要是用了8块钱，剩下的6块钱你不能结余，今年过了，明年就还是14块钱，不能把结余的6块钱累积到明年。

经过访谈笔者发现，企业改制以后，企业行政为了企业的经济效益，开始放松对职工福利的重视，企业的福利责任承担越来越少。是否提取福利费，提取比例多少的决定权几乎都在企业行政那里，挤压了企业工会发挥作用的空间和资源。

### （二）集体福利设施剥离

以往企业的集体福利设施包括职工食堂、职工托儿所、幼儿园、职工住房、职工浴室等，还有各单位兴建并仅供本单位职工使用的“文化福利设施”，如俱乐部、文化宫、图书馆、电影院等。那时候的企业具有经济和社会属性，也落下了“企业办社会”的诟病。市场体制确立以后，企业着力于提升经济效益，这些福利性、社会性的设施被认为是拖了企业发展的后腿，纷纷实现社会化或被剥离。案例 BE 公司，在二十世纪五六十年代，企业福利费的一半要给医院，现在医院剥离出去以后，跟企业没有了关系。当时为了让职工安心工作而办的幼儿园也在企业改制后被剥离出去。公司食堂通过招标的方式，用市场化的方式运作，企业负责监管。笔者去访问的时候，午餐时间，工会办公室主任和档案馆的工作人员都用微波炉热自己从家带来的饭，并不去食堂吃。据他们说，食堂的菜又贵又不好吃。而家在附近的工人们，穿着油腻腻的蓝色工作服骑着哗啦作响的自行车就匆匆回家吃午饭去了。因为中午只休息一个小时，车间还有严格的考勤制度，所以他们必须抓紧时间吃完饭赶回公司。BE 公司以前浴室不需要花钱，职工洗澡很方便。1997 年左右，BE 公司浴室开始收费，5 块钱一个人，曾经还收过 8 块钱一个人的。该企业老工会副主席 ZQ 很愤慨地跟笔者说了一个事。

ZQ：最可气的是有一回，当时的厂长要求浴室要收费，工人对浴室收费十分有意见。

访问员：要多少钱呢？

ZQ：那阵子可能是要 5 块钱，有一段要 8 块钱。你看工人工资并不高，是不是，到现在才一千多块钱，有的前两年才几百块钱，他要花个五六块钱洗个澡还真得算计算计。所以有几个老工人就找去了，说过去工人洗澡向来就没要过钱，就连日本那阵都没要过钱。厂长说，什么啊？说日本好你找日本去啊，你说这话像话么。

访问员：那当时您在场么？

ZQ：我不在场，我听他们几个老遛弯的给我说的。

访问员：就是近几年发生的事，是吧？

ZQ：四五年前吧。我说老工人要急了过去给他俩嘴巴也不为过，找日本去，日本什么人啊是不是，你这是什么话！哎，没法说理。你应该说老工人嫌贵，那就看看多少钱合适，是不是？你哪怕跟老工人说说，听听老工人意见也好啊，现在有的干部真的太武断了。

访问员：工厂的浴室以前是咱的集体福利，现在不是集体福利了是吧？现在就开始营业了？

ZQ：对，不是了，现在真谈不到福利，你看这浴室，反正极少有人去洗，多数人不洗，不在那洗。

在访谈中，公司现任工会办公室主任跟笔者介绍说，为了节约用水，公司特地花了上百万改造浴室，给职工一年 192 元的补贴，洗澡时间控制在 8 分钟之内，超过之后就收费。

BE 公司原来有两个大型的职工休闲娱乐场所：工人文化宫和游泳池。公司工会主席在 2002 年工会重点工作总结中提到，工厂投资 50 余万元，改造了游泳池。游泳池开放 174 场次，为 2200 余名员工、家属提供了夏日休闲服务。完善了游泳池管理办法，加强了经营管理，使多年亏损局面得到了有效改善，实现了盈利。文化宫放映电影 25 场，录像 20 场，组织舞会 194 场，举办大型文艺演出 5 场、消夏活动 4 次、迎新春游艺活动 7 项，员工参与人数达 18600 人次。2005 年，工厂投入 300 余万元对文化宫进行了大修，在此基础上，厂工会支付资金 32 万元，对文化宫音响、幕布、座椅等进行了更新。投资 28.5 万元为游泳池改造安装了滤水罐和消毒设备。[①] 据公司工会干部介绍和笔者从接触到的普通职工了解到的情况，之前大家还是很爱去这两个地方的。但之后企业改制，请咨询公司来做人力资源项目，这两个场所不设工作岗位。以往有工会工作人员在里面管理，现在没有岗位了，无人管理。工会

① 来自 BE 公司 2005 年工会工作报告。

再组织活动，就只能在露天进行。公司关闭这些设施，工会虽不乐意但也不能过多地去争取，因为工会要维护公司大局，配合行政管理。

ZW：我们不愿意怎么办？我们得服从行政，因为公司的主体结构、房屋建筑，一些大型设备都是人家行政的呀。虽说你有工会资产，但是只不过能弄个棋牌桌啊，弄点球啊，建个篮球场，你也就能弄成这样。

根据调查了解，BE公司职工虽然少了休闲娱乐的去处，但是也接受了，仿佛没有什么意见。

ZW：职工说的人也不多。可能因为这种事太多了，所以大家对这事也没什么大的反映。而且说呀，现在大家收入都不高，他也没有心思。不游就不游吧，上别的地方游去呗。

现在BE公司职工享有的集体福利是：企业给职工建立了补充医疗保险和资助支持职工互助补充保障。在集体合同中，规定职工的福利为：第一，公司每两年为前两年度年终表彰的公司级先进个人、优秀班组长安排一次体检。第二，在经济效益允许的条件下，公司每两年组织全体员工参加一次健康体检。第三，员工交通费按公司《员工交通费补助办法》执行。

### （三）工会努力提供集体福利

BE公司工会一年有工会经费300多万元，按全部职工工资总额的百分之二每月划拨。工资千分之五的会费代扣代缴，拨到公司工会账上，公司工会再全部返回给支会（车间工会），让支会开展活动用，有时还会根据情况增补一部分。企业的集体福利微乎其微，但是工会一向有提供福利的传统。其中，工会会对小部分职工困难户提供帮助，并照顾到多数职工的福利。工会的会费和经费都来源于工人的工资，按照多年来的习惯，企业行政拨款也很顺利。但是如何把工会经费花出去，企业工会干部就费了一番思量。工会给职工发东西，既要表现出工会在做事情，也要吸引职工入会。

LYY：因为我们公司工会到年底会发提成，到夏天一人给发一瓶果汁，所以原来没入过会的，他也会积极要求入会。

BE公司工会有一个王牌项目：冬季环厂跑。在笔者与公司工会办公室主任的六次访谈中，他有三次都介绍了这个项目，并认为这是目前企业最有凝聚力的事情。当访问车间工会主席时，她也很津津乐道于这个项目。

冬季环厂跑项目主要是由BE公司工会主席设计的，在每年的寒冬，BE公司都会举行35天的环厂跑活动。2007年是第一届，笔者在2010年访谈时已进行到第三届。每天早晨职工拿着工会会员证从大门进来右转，绕着厂跑（走）两公里。全程分五站，每站都有三个基层工会委员在会员证上盖章，职工集齐五个章就可以到终点领取一份纪念品。最有神秘感也是最吸引人之处在于活动每天的纪念品都有变化，只有负责采购的工会办公室主任知道每天的奖品是什么，其他人都只能在跑步的当天才知道答案。

这个活动日常化、大众都适合参加，不需要特别的技能，一届更比一届吸引人，参与人数直线上升。首届有700多人参加、第二届增加到1500多人，第三届达到了2000多人。活动纪念品通常是20元以下的日用品，有时是三四块钱的，有时是十五六块钱的。因为参加者众多，第三届第一周5天，工会花四万九千多元钱，第二周花了七万九千多元钱，每周约花6万块钱，35天大概得三四十万元钱。工会开展这个活动的目的之一是健身，同时增加公司的凝聚力。目的之二是通过这个项目给职工谋一点小福利，也表明工会经费用到了大家身上。

访问员：为什么要开展这样的活动呢？

ZW：一个嘛是健身，就是冬季健身；另一个是增加凝聚力。其实大家都感觉说，我们BE公司现在最有凝聚力的就是这事了。

访问员：还有别的目的么？

ZW：就是为了大家得实惠，今天来是一块毛巾，明天是一块香皂，后天是牙膏，大后天是牙刷，我们每天提供的都是大家日常需要的一些东西。如果是夫妻俩人在这跑，他们说我，小半年都不用买这些东西了。

行政也赞叹活动设计巧妙，“提高了职工的积极性，一点小东西，把职工们的心都聚起来了”。现在，企业工会搞活动需要有一定的物质奖励，如果没有这些纪念品的吸引，不会来这么多人参加活动。

ZW：现在也是奔着东西来的。

访问员：假如咱要是不发东西的话，您觉得会有这么多职工来吗？

ZW：肯定不会。如果不发东西我估计连三分之一的人都到不了。

虽然纪念品不算贵重，但职工想拿到还不太容易。首先，必须是工会会员，起初还有厂门口卖包子的进来跑，还有本厂职工借会员证给别人跑的。所以，跑步的时候一定要拿着自己的会员证。会员证带照片，那照片还得有防伪标志，防止有人把照片揭了再换一个别人的。

其次，时间一定要把握好，绝对不能因为跑步上班迟到，影响生产，工会组织大家每天早上七点钟开始跑，八点钟是工厂开工时间，整个活动截止。但因为有五站，第二站必须有第一站的章才能接着盖，以此类推，所以最早 7 点 40 分第一站就截止盖章了。如果集不齐 5 个章，就拿不到纪念品。

ZW：我们要求 8 点之前必须得跑回来，你得回工作岗位，不能因为这个影响工作，时间一旦过了就不给你东西了。我们这个第一站到 7 点 40 分就收了，第二站 7 点 45 分，第三站 7 点 50 分，第四站 7 点 55 分，第五站是 8 点，如果你 7 点 40 之后来的你肯定跑不了。

听到工会干部的介绍，笔者很感兴趣，有天早上笔者早上六点出发，约一个小时后到达工厂。在进门右转走到厂里的马路上时，笔者已经看到三三两两的职工在往前走，但是基本都是走，极少看到有人跑。天气寒冷，走大约 500 米，路中央站着三个工会干部，都穿着厚厚的棉衣，职工拿着会员证一一找他们盖章，再往前走，过了一会儿又是一站，情况类似共五站。最后，大家都奔向了办公楼北侧，那里的一排排桌子上堆满了当日的纪念品——保鲜膜。一些职工们开开心心地领完纪念品，就往自己工作的车间走去；还有一些职工，拿完纪念品，又骑着自行车离开了厂子。

在冬天的寒冷季节，工会开展这个活动，能吸引职工提前出门，既锻炼了职工身体，又减少了职工迟到的比率。走一圈，人精神不少，生产也有精力。有纪念品的诱惑，厂里倒班的都少了。工会利用生产外的时间搞活动，又有严格的时间控制，不会影响生产，让职工得实惠，还能提高职工的干劲，这不得不让人感叹，工会真是花了不少心思来设计活动。

有纪念品才能吸引大批职工，一个最大的原因是一线职工的收入太低了，一线员工的每月工资收入只有一千多元。车间工会主席介绍，2010 年公司效益不好，基本工资只有 960 元，许多职工息工在家，只能拿基本工资的 80%，刨除五险一金，一个月才拿 640 元。

> ZW：职工工资收入还是低，他收入低的时候三四块钱的一个东西就能吸引他来，要是他收入高点就不在乎这个了，就是要不要也无所谓了。

职工收入低，公司周围的环境也能反映出一二。在这个拥有四千多人的大公司的周边，几乎没有像样的饭馆，大多都是小门脸，卖些大饼、炒饭之类的东西，店里面黑乎乎、油腻腻，有几家店都关着门，外面写着转租。有一家稍微干净点的饭店，午饭时分也门可罗雀。笔者第五次去该企业访问的时候，这个饭店也关闭了。

该企业工会的另一个主打项目：工会之窗答题。其职工参与率也高，基本上能达到全体会员参加。每个月，公司工会根据公司的生产经营形式，职代会上老总报告的中心内容、指导思想、公司的规章制度制定问卷，下发至各车间，支会主席找答案，再把题目和答案下发车间各班组，工会小组长发给每个会员，照着答案抄一遍，在规定的时间范围内交上来，一般持续一周左右。车间工会详细记录，每个人的交卷情况，谁交谁没交了，再把答卷和记录交到公司工会。公司工会委员会的成员们很认真地批改答卷，重点看会员是否答对了，有没有笔迹相似的（代答的），发现答得不好或是代答的，一律不给纪念品，还要批评当事人。公司三千多份答卷都得一份份批阅，每个月的月中开完工会主席例会，车间工会主席领回纪念品来，按照造册的名单，谁答了谁没答，再发到每个会员手里。

> LYY：纪念品就是一般的生活日常用品，也不算太贵，两三块钱，都是像牙膏啊牙刷之类的，是说大家日常都能用得到的。其实工会各方面的工作都是围绕生产这个大的主题来开展的，是从不同的角度来促进生产。你看开展的职工娱乐文化活动其实也是为了缓解他们上班的疲惫感和厌倦，而且说白了搞物质刺激活动也能减轻会员家庭的生活压力。

在该企业工会支会工作目标考核标准中，有要求“支会自行开展的文体活动每季度不少于一次，未组织开展活动或无活动记录的减 1 分。除参加公司工会组织的女职工活动外，支会女职工委员会每季度至少开展一次有意义的女工活动，季度内未按要求开展女职工活动的减 1 分”。车间工会主席 LYY 认为车间文体活动很难搞，因为车间职工上夜班要从下午三点一直干到夜里两三点，没有精力再从事这个活动。车间生产任务重，只有中午 1 小时休息时间，还有人要回家吃饭，岁数大的要休息，参与率连 50% 都达不到。组织羽毛球、乒乓球比赛一没场地，二没时间。综合考虑之下，她也采取了与公司工会相似的答题活动，围绕车间各方面的管理，比如考勤制度等出一份题，附上答案，让职工再抄一遍。女工活动方面，就结合女职工意外伤害等方面的状况出题，发给女职工填写，交卷就给一份纪念品。该车间在册职工 350 人，参与率可以达到 80%。每季度给女职工发 20 卷卫生纸，作为对女职工特殊权益的保护，其余是发洗衣粉、肥皂等日用品，由支会工会会费支出。

> LYY：反正主要的宗旨就是不管搞什么活动，一是要围绕公司和车间的生产经营来进行，二是要根据本支会的特点来设计活动。就是说，要搞一些参与度广、参与率高的活动。反正像我们支会，有特色的不敢提，只能说是完成任务吧，让大家都尽量参与进来，提高凝聚力和核心力。

通过调查可以发现，企业工会为了协调劳资关系，促进企业生产，维护职工权益，真是挖空了心思来设计活动，并尽量与行政协调为职工谋取小福利，一定程度上体现了工会的作用。但是，对于职工来讲，这已经不是他们关注的重点了，这些微薄的福利对低收入职工而言，有当然比没有强，不过在收入压力下，他们更关注工资的增长。

ZXZ：职工最关注的主要是工资。工资怎么涨，岗位怎么保住，这是主要问题。至于福利多少、大小、好坏，他们都不太计较，没有也过得去，说白了，你看这么多年不也熬过来了吗？

## 三、困难救助具有严格的选择性

计划经济时期，单位所提供的制度性福利已经由国家的社会福利体系所取代。在市场化改革的进程中，我国并没有计划建立起普遍性的制度福利，剩余性福利的色彩很明显，福利更多倚重市场的力量。随着教育产业化、住房市场化、医疗市场化，改革进程中我国的福利体系一度具有很强的自由主义的特征，虽然后来又提出建立适度普惠型的福利体系，但至今仍然任重而道远。随着社会物价不断攀升，加之职工工资水平不高，因此职工本人或家人生病、孩子上学都可能让一个家庭陷入贫困，不仅是生活难以维持，还会负债累累。伴随着国企破产、国企兼并，职工下岗分流，我国困难职工的问题越来越突出，开始还遮遮掩掩，后来就公开化了。救助困难职工，最主要的目的就是维稳，职工过不下去了就来找单位。

ZXZ：不管是内退的还是退休的都跑到单位来，退休的就说我这日子过不下去了，病的有的直接把人用担架给搭到这儿来了，这样闹事的也有的是。

工会以往就有救助困难户的传统，新时期下，全总提出工会是特困职工的第一责任人。要求各级工会要在党政的领导和支持下，站在讲政治和维护稳定的高度，切实把对特困职工生活困难承担“第一责任人”职责的工作做好。这是工会义不容辞的政治责任，是当前工会组织进一步突出和履行维护职能，依法维护职工利益的突出要求，是对特困职工做好“雪中送炭”工作的具体体现。[①] 企业工会关心职工生活最重要的工作就是开展职工困难救济工作，这项工作体现了工会对员工的维权职能，具有很强的政治意义。

### （一）严格按照制度办事

现在的困难救助比较之前分类更细，标准更明确。困难救助不仅要靠企业的力量，如果职工困难程度高，工会也可以上报市总，申请市特困、困难员工，其余的符合标准就可以列入公司内困难员工。工会的补助分为“临时性救助”和“经常性救助”。2009 年 12 月 21 日，BE 公司工会委员会讨论通过的《员工困难救济办法》规定了困难救济的范围。将在职员工（工会会员）困难救济的申请条件分为七类：一是被列为当年的北京市特困、困难员工及公司内困难员工（特困就是收入低于本市最低生活保障线标准的，取得低保证的）；二是在职员工父母、配偶、子女去世；三是在职员工本人去世；四是在职员工本人或父母、配偶、子女因患重病，个人负担费用较大且造成家庭生活困难；五是在职员工因患各种疾病丧失部分劳动能力，不能从事正常工作；六是在职员工家庭因不可抗拒的因素造成人员伤亡、财产损失；七是因其他特殊原因造成生活特别困难的。

困难救济申请程序：一是个人申请，填写《职工困难救济申请表》；二是工会小组讨论同意并签署意见；三是支会委员会讨论同意并签署意见（经执委会讨论，建议救助金额）；四是公司工会常委会讨论、审批。办法要求支会委员会必须每半年公示一次，表明接受群众的监督，没有异议才能补助。

ZW：你看像我们现在的困难救济，我们要求半年就得公示，每年一月、七月我们都要公示。

---

① 来源于新浪网，题为《尉健行指出工会是特困职工第一责任人》，网址：http://news.sina.com.cn/china/2000-1-19/54301.html，最后查阅日期：2014 年 6 月 5 日。

关于困难补助，职工按条件先去工会小组申报，然后再逐级向上讨论。车间工会负责把第一关，职工因为工资低，申请的人多，工会干部认为部分人有占便宜，不要白不要的心理，因此车间工会的工作严格按照制度办事，按照标准核对，核对材料齐全不齐全，是否符合救助条件。如果符合条件，支会主席就签字，报到公司工会。公司负责权益保障的工会干部核对完车间提供的资料后，将不符合条件的退回去，符合条件的就到公司常委会一个一个地说，在说的过程中，常委会也能发现问题，没有问题的，才批准。关于申请名单，公司工会要求按制度应该给的就给，个别特殊情况，就在常委会讨论，比照着该给多少钱。

在整个过程中，最关键的是申请困难救助的人必须提供详细的证明材料。工会会每年核查一次困难职工家庭人均收入，包括一年内本人收入证明（公司人力资源部可以核对职工收入），配偶收入证明（如果配偶没有职业，居委会要开证明）。其中，一年内本人收入是指应收收入，不是实际收入。

ZW：好比说你交了会费，或者说你住房有贷款，或者说你交了物业管理费了，这些都应该算你的收入，只不过是企业给你代扣代缴了。你不能说你实际开多少钱，就是应发工资是多少，但是应发工资我们不算三险一金。

职工的配偶如果工资收入低，有单位的话，可以开其证明，没有单位的话，需要分情况。如果说配偶二三十岁没有工作，说工作不好找，或者因为孩子小不去上班，这种情况不能把她算进去。如果是丧失劳动力的，工会认为可以考虑。

ZW：想解决困难，就得让爱人去工作。如果爱人有了工作还困难，孩子小，有病可以考虑给。

患病了，要拿医院的诊断证明书，各种费用的单据，自费部分多少钱。如果孩子上高中，上大学困难都给资助，学生证，入学通知书的复印件都需要有。没有完整的证明材料，工会干部就是知道职工困难也不能给钱。

ZW：手续一定要齐全。其实好比说谁困难我们也都知道，但是如果说他什么都不提供，咱们知道他困难咱就给他钱了，那么以后别人说凭什么给他呀。什么证明都没有，没法去证明。

YZ：我们有标准和要求，有制度，你看我们六千人这么一个大单位，必须靠制度，困难职工审批也有严格的制度标准，都得拿数字说话，拿事实说话。

LYY：你说你困难，你能拿来证明就可以。那么多人想申请，我们就抠标准呗，这样麻烦少多了。

WQ：你看那些文件你也知道，困难救助咱们都有范围的，有范围就需要提供数据，你本人要给我提供数据，你说你困难，你怎么困难，我不一定承认，你要拿出相关数据，相关证据来说话。

公司各级工会认定最权威的证明就是国家的低保证，职工能拿来低保证，不用看别的证明，直接就列为公司特困职工。有的职工自认为困难，绕过车间工会直接找公司工会主席，主席就按照有关条款来做工作。

正式规则的广泛使用是韦伯官僚制的主要特征之一，并且已经作为官僚组织的内在特征被广泛接受。[①] 唐斯（Anthony Downs）认为官僚组织需要大量正式规则主要有四个原因：首先，由于缺乏自愿等价交换的机制，官僚组织缺乏估量产出的直接测量方式。当一个行为的性质和价值或最终目的之间缺乏紧密的联系时，就需要设立正式规则指导个人的决定。其次，正式的规则对于协调复杂行为而言是一种有效的手段。再次，许多被正式规则约束的决策涉及与官僚组织外部人员的相互作用，如果没有正式规则管理这些决策，在相同的条件下，官僚组织对不同的委托人的反应可能相差甚远。这种"个人歧视"行为可能会引起公共或准公共机构委托人的不满，因为他们渴望实现"法律面前人人平等"。因此，这种机构存在着很大的压力，要求建立正式

① 安东尼·唐斯著：《官僚制内幕》，郭小聪译，中国人民大学出版社，2006年，第64页。

的规则来管理与外部人员相关的决策，以实现合理的一致性回应，防止组织受到个人歧视或恩惠主义的职责。最后，这是协调资源配置的需要。[①] 以上这些功能引发出几种关系：在决策过程中，官僚组织遇到的相同环境越多，就越有可能针对这种环境制定出正式的规则；相关决策的重要性越小，就越有可能通过规则来管理而无须高层权威亲自处理。在其他因素不变的情况下，官僚组织中行为的相互依赖性越强，就越依赖于正式规则而不是个体的判断力。官僚组织的行为和其最终目标之间的关系越模糊，这些行为就越可能受到正式规则的约束。[②]

企业工会之所以严格依靠制度，严把审批关。一方面是因为资源有限，BE 公司工人工资普遍偏低，2010 年一线职工一个月工资 1000 多元，企业有订单才生产，息工在家时每个月才 640 元工资。工会用于困难救助的费用一年，要 50 万元，由企业福利费出 30 万元，工会经费出 20 万元，日常困难救助，五一、中秋、元旦、春节等送温暖的费用都从这里边出。企业福利费没有硬性规定，属于行政对工会工作的支持，虽说企业也要对自己困难的职工尽到照顾的责任，但企业自负盈亏，成本也抠得严。

> ZW：行政每年为福利费列支 30 万元，作为困难救济经费；工会也要拿出一部分来，大概是 20 万元，那么就有 50 万元。困难经费一共才 50 万元，如果说达到哪个档次我就给他定他多少钱，那肯定我们这钱不够的。还有就是息工待岗的，大家普遍都有息工的时候，那你偶尔一次息工，你以前肯定有积蓄啊。你不能说这一个月收入少，我就把你作为困难职工给你救助，我们要考虑到这半年或者一年你的人均收入。

李普斯基提出街道层官僚的概念，认为他们是服务的直接提供者，在工作过程中，他们一方面是制度系统中的齿轮；另一方面，他们又拥有一些自由裁量权和自主权力。李普斯基认为，街道层官僚发展了一套方法，以一种

---

① 安东尼·唐斯著：《官僚制内幕》，郭小聪译，中国人民大学出版社，2006 年，第 64 页。

② 同①，第 65 页。

相对规范的和老套的方法来规范人民。他们调整自己的工作习惯，以反映自己和他们的委托人的较低的期望。[①] 公司工会严格按照制度审批，申请者的材料交到车间工会，后者要把第一道关，一般都是按标准审批，但标准无法涵盖所有的情况。作为近似于"街道层官僚"的角色，车间工会主席会有自己的考虑。

在 BE 公司，2010 年公司工会下发了针对单亲困难女职工的救助文件，救助对象为经济困难的单亲女职工，有在上学的孩子。要求车间工会报名单。LYY 车间的女职工离异的有六个，孩子跟着母亲的有两个，一位自认为不符合要求，没申请，另一个积极申请，理由是孩子父亲不给抚养费，自己工资不高，又带着孩子，孩子花销大，生活困难。LYY 认为单身女人带个孩子不符合规定，孩子父亲不给抚养费，并不代表没有这笔抚养费，她可以申请法院仲裁，最关键的是这个女职工的收入高，自己尽可能给她算低点，其月工资不算应发，而是算实发工资也有 1600 元，再除以 2（加上小孩），也平均有 800 多元，公司定的标准是补助每月收入在 731 元之下的女职工，她工资太高，公司肯定不批准，但女职工自己坚持要报，其他车间有相似情况的也给报了。于是 LYY 考虑假如自己硬卡得罪人，有些不近人情，车间工会直接跟一线打交道，得罪了职工，以后工作不好开展，所以明知不符合要求，也报上去了。

> LYY：之前都打好预防针了，但是人家申请了，咱就不多说了，得罪人的事还是让公司工会去吧。因为我车间工会不报，人家就说你凭什么不给我报啊。我不报是我的事，推卸责任的话，我报上去你不批是你的事，跟我没关系。但是我不报不是说我不把关，我没法把关，你说让我们把关，你成天跟这帮人打交道，如果闹僵了以后工作还真不好干。

申请救助女工提供的收入证明、离婚判决书、孩子的学历证明，车间工

① 米切尔·黑尧著：《现代国家的政策过程》，赵成根译，中国青年出版社，2004 年，第 177—178 页。

会都要把这些提供给公司工会，工资收入证明要盖车间的公章，必须如实填写。如果工资不符合标准，公司工会就没法通过。LYY说白纸黑字，料定上级会批评自己没把好关，但也要报。一旦问起，就解释说自己认为她困难。因为整个车间就两个有孩子的单亲女工，一个月工资1300元，另一个800元，肯定报收入低的。

对于困难补助，车间工会主席会降低员工的期望值，倡导平安健康是福。公司员工生活水平低，申请困难救济的人多，但有不符合标准的，没申请到，心里有想法，工会干部就会去劝慰，说自己或至亲有病有灾才会去吃救济，吃救济不是什么好事儿，生活水平虽低，但健康就是福。

> LYY：其实申请困难救济，我总结有三方面：本人大病，孩子有病，父母双亡、直系亲属死亡，就这三方面，哪方面对于每个人来说都不是好事，所以，有的人我就这么说，你别以为你吃了这救济就是好事，咱宁可不要这个，咱吃萝卜白菜，咱健健康康，你说对吧？

严格按制度办事的第二个原因是少给自己惹麻烦。时至今日，困难救助有了相对详细的制度设计，给工会干部提供了一个工作的依据。严格按制度办事，审查申请者的资格，虽然也会有入户访问，但工会干部更倚重各种文本的证据，要求申请者提供全面的证明材料。说起来是为了追求公平，实际上是节约资源，规避风险。

> 访问员：咱们对这一关控制得很严格啊？
>
> ZW：那必须得严格啊！
>
> 访问员：是不是我们要考虑资金的使用效率，还是因为别的原因？
>
> ZW：不光是资金，因为报上来的这些东西，如果你把关不严，有两个收入水平差不多的职工，可能你生活比我还要好，但是你被列入困难职工了，每月有钱，我这儿就没有，你说我心里能平衡么？所以，你想这是好几千人的单位，你确实得去一层一层地把关。大家对困难的理解不一样，有人认为我挣钱少，一个月一千多块钱，我这想要买什么都买

不了，我这就是困难，但是北京市对困难职工是有规定的，家庭人均收入低，而且得是连着几个月的，不能说这一个月人歇病假了，开得少，就给你算困难职工。我们现在调查的都是一到九月份的平均收入。

YZ：这事就得讲制度，你不讲制度职工就不打紧，车间也不买你账，你的活动就没法办了，其实工会这地方讲原则的程度不比行政少，有的时候比行政还要强，因为什么啊，你是夹在中间，那边是行政，这边是职工，我得全面衡量这个问题，需要学得比他们还要深还要透还要细，知道吗。

对于困难补助，基层工会干部坚持让本人申请，因为要公示，有人碍于脸面，不愿意申请。工会知道职工真的有困难时会动员职工申请，如果动员了职工也不申请，就不强求。WQ 会把这个动员的过程写在笔记本上，以备该职工再来找时，有据可查。

WQ：我动员你了，你不申请那是你自己的选择，所以你掉头再找我，我可以有记录，我什么时候找你谈过话，什么时候说过这个问题，我也给你文件了，对不对？

路风分析企业管理者依赖惩罚性规章制度的实质是：在管理者不能或不愿直接控制劳动行为时，以看上去公平的规则来给不合作的行为设定最后的底线。依赖繁琐的惩罚性规章制度既是无力实现管理控制的结果，也是消极管理行为的托辞。[①] 工会在进行困难救助时，按制度来，抠标准是最容易使用的手段。客观上，现在企业工会的困难救助工作面临的情况比以往复杂很多，职工住得分散，家属情况单位不了解，除了工资，职工是否有其他的收入来源难以判断。现在主动要求困难补助的人比以往多了许多，集体主义的价值观已经让位给了个人利益。给谁不给谁，给多少，工会在纷繁复杂的局面面前越来越依赖制度和标准。企业工会以貌似公平的做法，实际逃避了在救助

---

① 路风：《国有企业转变的三个命题》，《中国社会科学》2000 年第 5 期。

困难职工中自己的担当，不求找到最困难的职工，而是找到能提供完整证明材料的职工。工会用严格的标准筛选申请者，极少使用自由裁量权。这样对上、对下、对企业行政、对职工都好交待，既反映了工会的无力，又反映了他们行为的消极。

### （二）杯水车薪

当国家的福利体系保障不力时，工会对困难职工的保障很难起到大的作用。在笔者调研的某公司，笔者看到了一叠困难救助申请表，职工申请救助的原因有：单亲家庭，本人有病，孩子上学费用大；本人工资低，爱人有较严重的颈椎病，不能从事工作，孩子已上大学三年级，费用较高，难以承受；本人工资较低，爱人患有较严重的肾病，无工作，无其他收入来源，孩子就学有一定负担；本人下岗，且患有疾病；本人离异，收入不高，家庭生活困难；夫妻残疾，双双下岗，收入低，享受低保；爱人长期有病，且因病不能工作，本人也患有肾结石病，常年吃药，二人看病花费很大，女儿上高中，费用较高，本人工资收入较低；本人工资收入少，身体有病，离婚多年，自己独立抚养女儿等。总结职工困难的原因，自己或直系亲属患大病，无工作是导致贫困的最大原因，工资低是最基础的，离异、孩子上学属于雪上加霜。

2009 年 12 月 21 日，BE 公司工会委员会讨论通过的《员工困难救济办法》在总则第一条写道：为缓解、减轻员工及家属因各种突发原因造成的生活困难，体现组织上的温暖，结合公司的实际情况制订本办法。第十一条规定了困难救济标准：1. 北京市特困员工每月给予困难救济 300 元、北京市困难员工每月给予困难救济 200 元、公司内困难员工每月给予困难救济 100 元。2. 在职员工本人去世，给予困难救济 1000 元；在职员工配偶、子女去世，给予困难救济 500 元；在职员工父母去世，给予困难救济 200 元。3. 在职员工患精神类疾病长期治疗，没有上岗能力的，每月给予困难救济 50 元。4. 在职员工因病住院；其住院自付费用在 2500 元以上的，给予一次性困难救济 500 元；自付费用在 2500 元以下的，给予一次性困难救济 200 元。5. 在职员工因病在医保定点医院门诊治疗：其门诊费用（以北京市门诊收费专用收据为依据）6个月内累计在5000元以上的，给予一次性困难救济500元；累计费用在5000元以下且达到门诊报销起付线的，给予一次性困难救济200元。6. 在职员工初次患大病（员工住院、大病互助互济基金会章程中救助标准4000元以上的，并属于特殊病种疾病有北京市基本医疗保险申报审批单的），给予一次性困难救济2000元，并于次月起连续半年（按确诊时间计算）每月救济200元，半年后依据病情可按季度申请困难救济。其他病种给予一次性困难救济1000元。7. 在职员工因病申请困难救济按救济标准高的条款给予困难救济，不重复给予。8. 在职员工的配偶、父母及子女（子女范围是指16岁以下及就读全日制高等、中等学校的学生）因患大病（员工住院、大病互助互济基金会章程中救助标准4000元以上的、并属于特殊病种疾病有北京市基本医疗保险申报审批单的）造成生活困难的，给予在职员工一次性困难救济1000元。9. 其他情况由工会常委会决定救济标准，救济标准以100元为基础。

对困难职工来说，这点补助可以对生活起一点作用，但无助于解决根本性问题。在何种情况下得到何种数额的救助，企业工会规定得很明确，工会做这份工作，更多的是象征意义。

> LYY：每个人肯定都希望困难救济金能够多点，但是你别忘了，这个困难救助金只是代表一种补助，你不可能给得太多，这只是表现一种关心嘛。

BE公司某车间有个工人换肝花了30多万元，每月还要服用排异药物。工会把他列为困难员工，每月让其家属来工会领取200元补助，并且将其作为基层困难救助重点人物报到公司工会，两节慰问时，公司工会主席会亲自去家里慰问。林林总总，该职工通过大病特别救助得到了一万多救助金，但是这对于他的医疗费用缺口仍然很大，于是车间又组织捐款，捐了一万多元。工会干部也知道这些钱解决不了这个职工的实质困难，但自己的心意尽到了，就当是拿这些钱让职工多增加些营养。该困难职工经常打电话给工会，想多申请点补助，但工会除了能在过年过节时多给点慰问金之外，再无别的办法。

LYY：营养费应该是够了，我只能说车间和工会已经很尽力了，我们能够帮助的只能帮到这个份上了，毕竟像这种情况太少了，而且也没有办法解决……他现在每个月有200元救助金，另外每个月从厂工会那里领300补助，加上街道低保，这点钱说白了药钱都不够。那为什么还给她？虽然说杯水车薪，但是它能保证你最基本的生活，咱不可能说让你过得更好，你说你患了大病了，我每个月帮你把药钱出了，那是达不到的，咱只是提供一个人道的救助，就是让他感觉到组织的关心，而且我们已经是尽了最大的努力来救助了。

2010年BE公司工会在公司工会工作会议上报告总结：一年来，日常救济困难员工406人次，探视慰问生病住院员工355人次，救助贫困母亲7人次，春、秋两季爱心助学救助员工17人次，资助高校毕业生助学还贷2人，共计支付费用42.95万元；员工住院、大病互助互济基金会救助员工88人次，提供员工住院补助527人次，在职员工住院医疗互助基金会救助员工162人，救助金额87.89万元；女职工安康保险赔付1人、慰问2人，支付金额1.02万元；意外伤害保险给付25人次，共计1.05万元。而在调查的另一家企业，2008年9月该企业铁路段工会生活困补会的总结如下：2008年9月27日，段工会召开月度生活困补会，对各车间工会委员会申报的救助申请进行了审核认定。依据《北京铁路局困难职工救助实施办法》和《北京机务段救助困难职工实施办法》的规定，批准职工直系亲属去世慰问8人，慰问款1600元。审批9月份15名职工的大病救助共39676元的救助申请，审批结果报路局工会。审批天津运用车间工会申报的一般困难职工李成①的救助申请，扳道员李成的女儿李心田3岁，患先天性听力障碍，安装人工耳蜗，自费165000元，造成家庭生活困难，会议决定将李成列入北京机务段一般困难职工档案，并给予1000元一次性救助。

工会经费本来有限，工会提供困难救助的数额，缺口很大，且还要经过

① 李成与李心田均为化名。

层层严格的筛选，公示、讨论。这就使得困难救助越来越具有选择性、耻辱化的特征。

（三）同情与鄙视：工会干部的心态

国企能让工会开展工作的空间已经逐渐减小，企业侵害员工权益，工会难以维权。但是，制度性的单位福利已经解体，就越来越显得工会救助困难职工的福利职能的突出，困难救助关系到维稳大局，又不涉及尖锐矛盾。

YZ：如果说不去救助这些困难职工，不去帮助他们，那工会还能干什么啊，是吧？

无论如何，工会在单位内还相对是个具有人情味的组织，是“职工之家”，将心比心，工会不能不管困难职工。

WQ：工会必须要帮助困难职工，将心比心，别人有困难时，亲戚朋友街坊邻居有可能都要伸把手，更何况咱们单位呢？需要帮助的必须要帮助，咱说句不好听的，谁家没经过这种情况呢。

当企业职工陷入生活困境中时，过年过节去慰问的工会干部心中会很难受。

BXP：我跟你说，一间屋子半间炕，一进屋再有两步，就上炕了，然后一家人都挤在那么一个屋子里，就这么简陋。你到这些困难职工家里边去以后啊，真觉得好几天吃不下饭。

但是，受访的工会干部们又认为许多困难职工不值得同情，尤其在困难职工提出不切实际的要求时，比如要求换房，给家属介绍工作，或者对工会送来的衣物挑三拣四时，他们就会认为困难户要知道感恩，要自立自强，困难不是企业造成的，是个人的事情与企业无关。企业已经尽到了自己的义务。

LYY：真正有困难的不会这样……有的就是无理取闹，占便宜的。

YZ：很多人穷是不值得同情的，很多人穷，我们救助了他会更恨我们，刚才就说了这个问题，端起碗吃肉，放着筷子骂娘，这种事有历史折射的。他从骨子里就恨这个社会，他没法去报复这个社会，就去恨这个企业，认为自己的穷是因为大家造成的，是社会造成的，自己没有责任，所有大家给他多少钱都是应该的。但是实际上，你困难并不是因为企业给你造成的，是因为你自身的某种原因造成的，企业对你的救助完全是出于人道，而且我们也不附加任何条件，没说救助你你就要怎么报答我们。

BXP：人长期生活在这种不顺当中，他可能就对这个社会、对人存有一些戒备。感恩之心在他那儿很少，他不会怀着一颗感恩的心去对待人，对待这个社会。他看什么都不好，老觉得没有达到他的那种愿望。

不知感恩，不知满足，不自立自强的工人被受访的工会干部所看轻，工会干部会认为他们有占便宜的心理，自私自利，甚至有些贪得无厌。工人阶级的利益在改革中受损，国家对其提供了最低生活保障，企业内的困难救助制度是一种经济上的矫正。表面上看是给予困难工人些微的补偿，但其实并没有给他们的生活带来根本的改变。这种矫正被弗雷泽称为非正义的肯定性矫正，指那些在不破坏形成社会安排的基本框架的情况下，旨在纠正社会安排不公平结果的矫正。它关注的是对分配不公的结果进行调整，并不触动基本的政治经济结构。弗雷泽认为阶级非正义的肯定性再分配矫正，其典型地包括两种不同的收入转移：社会保险计划将部分社会再生产价值分配给稳定的受雇佣者，即所谓工人阶级的主要部分；公共援助计划为失业者及未充分就业者等“常备军”提供需资产调查的、“具有指向性的”援助。这些肯定性矫正不是消除实质上的阶级差别，而是支持并塑造这一差别。因为产生阶级弱势的深层结构没有被触动，所以这种矫正必须一次又一次进行表面上的再分配，结果却使得弱势的阶级暴露出道德上的缺陷，总是要贪婪地索取，有越来越多的要求。他们本来是弱者，这样的制度设计把他们置于特别的地位，仿佛享有了特权，得到了自己不应该得到的赠予。因此，一种旨在纠正分配非正义的方法只能以造成承认非正义而告终。① 弗雷泽的分析很具启发性，对救助对象道德上的指责确有不公，也忽视了对问题的追问。对困难工人的救助固然有其积极的一面，但我们要从现象后面进行更深入的思考，要考虑宏观制度的安排与调整，如何能够从更根本的层面解决问题。

## 四、送温暖中工会的位置与策略

春节是中国人民的最重视的传统节日，无论如何也要让困难户把年过去是工会最朴素的想法。二十世纪五六十年代，每到年节，工会会多关心困难职工，当时也有年节慰问，但工会系统没有特别强调。1980 年全总发出“中华全国总工会关于在春节期间做好职工生活工作的通知”，要求各级工会在春节期间对职工进行一次较普遍的家庭访问，关心他们的生活，了解职工和家属的生活情况；对家庭经济负担重、患病、因公致残、退休的职工和因公死亡的职工家属，尤其要亲切关怀和慰问，热情地帮助他们安排好节日期间的生活；对其中家庭生活确实有困难的职工，根据各地党和政府的有关规定，切实做好困难补助工作，并发扬工人阶级团结友爱的精神，组织和发动职工群众开展互助互济活动，帮助其克服困难。进一步调动广大职工群众的社会主义积极性，为四化建设做出更大的贡献。② 在 20 世纪 80 年代，工会系统加强了年节慰问，部分省市开始尝试送温暖，但没有推展至全国。1992 年元旦春节开始，工会率先在全国范围内开展“进万家门、知万家情、解万家难、暖万家心”送温暖活动。1994 年开始，全国总工会将一年一度为职工送温暖活动拓展为“送温暖工程”，实现送温暖活动的经常化、制度化、社会化。

1995 年元旦，中央领导人开始参与送温暖活动，江泽民、胡锦涛、邹家华、尉健行等中央领导同志亲自看望和慰问困难职工，带动了这一活动在全

---

① 南茜·弗雷泽著：《正义的中断——对“后社会主义”状况的批判性反思》，于海青译，上海人民出版社，2009 年，第 26—28 页。

② 中华全国总工会办公厅编：《中华全国总工会文件选编》，中国工人出版社，1982 年，第 111—112 页。

国各地的深入开展。在党中央、国务院的关怀下，各级党政工一起深入开展送温暖活动。[①] 1995 年 2 月 9 日，江泽民同志对全总党组《关于送温暖情况的简要报告》作了重要批示：送温暖是我们党的好传统，要发扬。[②]

此后，由工会首创的送温暖活动在全国普遍实行，成为工会工作的重要品牌。工会送温暖活动是在我国经济体制转轨、经济结构调整和国有企业战略性改组的大背景下，工会履行维护基本职责，协助党委、政府解决困难职工生产生活问题的一个创举。送温暖活动已成为工会工作的重要品牌。[③]

### （一）不可少的形式

送温暖的初衷是慰问因经济结构调整导致生活出现困难的企业职工，给他们送去工会组织的温暖，其从政治上也有考虑，即“社会主义不能饿死人”。起初活动更多体现的是关心，后来则发展出维稳作用。工会即使别的时候不去困难职工家里，过年过节也一定得去，虽然工会带去的东西、金钱都不多，但从情感上可以慰藉一下他们，最起码表明单位没有忘记他们。因为单位困难职工多，1994 年年底，ZXZ 所在的企业就建立了扶贫抢救基金，基金经费由行政负担一半，工会经费里拿出一半组成，此外还吸取了一部分职工捐款，用于送温暖和对突发性困难职工的支持。

ZXZ：每年领粮油时，我们都尽量送到困难职工家里去，我们单位以前都是自己来领，甭管你瞎子瘸子，都自己来领，后来天南地北，人户分离了，一拆迁都找不着了，怎么办？我就尽量都给送到职工家里去，我送得最远的一次到了昌平了，有时一天就摸着一两户。

访问员：觉得麻烦吗？

---

① 全国总工会政策研究室编：《中国工会十二大以来重要文献选编》，中国工人出版社，1998 年，第 267 页。

② 来源于人民网—中国工会新闻：题为《工会送温暖活动和帮扶工作的发展历程及成效》，网址：http：//acftu. people. com. cn/GB/16760990. html，最后查阅日期：2014 年 6 月 5 日。

③ 来源于人民网，孙春兰：《认真学习贯彻党的十七大精神推进工会送温暖活动深入开展——在全国工会 2008 年元旦春节送温暖活动电视电话会议上的讲话》，网址：http：//acftu. people. com. cn/GB/67580/112584/112586/6656742. html，最后查阅日期：2014 年 6 月 5 日。

ZXZ：那怎么办？不送就麻烦了。真要出点问题，可不是一般的问题啊。

访问员：不送他们会出问题？

ZXZ：会出问题啊，尤其这困难职工真要没处可走了，有的肯定会闹的，我们这也出过这事，所以要尽量避免这样的事情发生。你不送去，他会觉得他在你心目中没地位了，不见得他真要争这点东西，就是争口气。我老说送温暖、领补助，这么点东西管什么用啊？我们单位有一部分特困职工是属于吃了上顿没下顿，没有任何经济来源。这顿饭你是有了，下一顿怎么办呢？

2000 年，中华全国总工会办公厅调研组在《关于工会参与预防和处理职工群体性事件情况的调查》中指出，近两年来，在部分地区和行业，职工队伍中不稳定的因素在增加。各地职工群体性事件有逐年上升的趋势，总体呈现出以下特点：参与人数增多，规模扩大；行为过激，对抗性强，处理难度加大；事件的重发率高，择机性强；职工群体性事件的内容具有趋同性；地区和行业性特点突出，困难职工是事件的主体；组织倾向明显，一些地方出现非法组织。[①] 全总调研报告中指出了困难职工是职工群体性事件的主体，所以，在中央力保稳定大局的思路下，工会对困难职工的救助有助于维稳，尤其在过年过节要重点关注，防止他们因年节气氛的刺激而去公众场合聚众闹事。

送温暖活动从产生至今已经开展了 20 多年，五一、中秋、甚至有的企业把三八节、母亲节也列为送温暖的日子。送温暖的对象也不单纯是困难职工，还包括退休干部、劳模、工伤遗属等。它是一种节日福利，切合民俗人情，通过依托各种重要节日，给职工一些物质和精神上的安慰，以运动式的方式开展，尤以元旦春节声势更为浩大。

① 中华全国总工会办公厅：《关于工会参与预防和处理职工群体性事件情况的调查》，见中华全国总工会：《中国工会年鉴（2001）》，中国工会年鉴编辑部，2001 年，第438 页。转引自于建嵘，《抗争性政治：中国政治社会学基本问题》，北京：人民出版社，2010 年，第134 页。

以下是 YZ 所在企业的工会送温暖的对象和标准：

**2009 年两节送温暖慰问标准** （单位：元）

| 类别 | 标准 | 人数 | 金额 |
|---|---|---|---|
| 特困 | 按局定标准 2000 + 300 元物质慰问 | 2 | 4000 |
| 重困 | 按局定标准 2000 + 300 元物质慰问 | 25 | 50000 |
| 一般长困 | 500 | 6 | 3000 |
| 一般困 | 300 | 42 | 12600 |
| 工伤（不能上班的） | 500 | 13 | 6500 |
| 工伤遗属 | 500 | 14 | 7000 |
| 劳模（在岗） | 1000 | 6 | 6000 |
| 劳模（不在岗） | 500 | 12 | 6000 |
| 火车头奖章 | 300 | 25 | 7500 |
| 首都劳动奖章 | 300 | 4 | 1200 |
| 退休（二线）工会主席、副主席 | 500 | 5 | 2500 |
| 2008 年度重困 | 500 | 3 | 1500 |
| 共计 | | 157 | 107800 |

2002 年 2 月 1 日，《每周文摘》摘录新华网题为《“送温暖”切忌形式主义》的报道：上级工会派出三四人组成送温暖小分队，千里迢迢来到县里，选择两户困难职工家庭，每户扶助 500 元，共计 1000 元，“温暖”还得由地方工会支付。《每周文摘》评论，从经济学角度讲，三四人的差旅、吃住等费用开销过万，这笔钱可以扶助更多的职工。上级组织可以把任务、经费交给基层委托办理，没有必要千里迢迢赶来，“亲手”送上温暖。周雪光就此报道用制度学派的观点分析“送温暖”现象。周雪光指出，如果从狭义的效率机制的角度来看这一现象，的确是形式主义，浪费资源。但如果这个做法是低效率的，那么它为什么仍然存在？为什么不能通过组织设计克服这一问题？要回答这些问题，必须首先解释清楚这一现象的渊源。从合法性机制的角度可以对这一现象提出新的解释。从合法性的角度看，这种“大张旗鼓”地宣传的低效率做法很有道理，因为任何组织都必须取得合法性，适应制度环境

才能生存。在公众眼中，政府必须关心弱者。工会机构的主要职责是代表政府关心工人利益。在现阶段，尤其要关心弱势群体的利益。工会机构的目标不仅是让贫困家庭得到资助，而且还要让上级部门和其他群体得知它的工作业绩，从而得到合法性。从这个角度来看，这种有悖效率机制的做法恰恰是合法性机制的产物，有益于满足制度环境的压力。进一步讨论这个现象，效率机制也可以解释这一现象。“效益是对谁而言”的，公众认为没有效益的行为，在决策者看来却可能是有意义的。但它为什么选择这种手段而不是其他手段来获得合法性？政府为什么采用关心弱者的方式，而不是采用炫耀武力的方法获得承认？是合法性机制在起作用，并导致了特定的行为方式。在这里，合法性机制与效益机制可能并不矛盾，而是互补的关系。除此之外，周雪光认为也可以从“信息不对称”的角度来对送温暖现象作进一步分析。①

周雪光的分析非常精辟，不管基于何种原因，上级工会高调送温暖，送钱物到困难户手中就可以，或者中间也有一些细致的安排，但我们没有看到其中的运作机制的描写。事实上，在企业工会的实践中，每年春节、元旦的送温暖活动都不是一份简单的活，可谓是“麻烦着呢”（ZXZ）。在这个过程中，工会需要摆放好自己的位置，说该说的话。

### （二）送温暖中工会的策略

送温暖活动表明了工会对弱势群体的关心，谁都知道这不能解决根本问题，但这仍然是一件需要去做的重要的事情，工会必须认真、周全地做好这件事。通过调查笔者发现，由于困难职工情况复杂，企业工会干部要会安排，不能让行政陷入“麻烦”中。

送温暖的前期准备工作是工会必然要主动承担的，企业每年的送温暖集中在元旦、春节前几天，工会负责拟定名单，定下范围，安排好车和路线，联系好职工，让职工在家等着领导慰问。到了慰问的日子，由行政领导带队，给困难户送米面粮油、慰问金，而劳模等只有慰问金，因为他们生活不困难。

① 周雪光著：《组织社会学十讲》，社会科学文献出版社，2003 年，第 103—105 页。

由于慰问人数多、时间紧，慰问队伍在每一家只能待上10多分钟，问候一下，了解有什么困难，寒暄两句就到下一户去了。送温暖的主要任务是把东西给送到了，让他们签好字，遇到特殊情况，需要多聊聊，控制在45分钟之内。

ZW：都是象征性的嘛，我们就每年在他那里待一会儿就走了，真是领导去了也都是遇到有病的就问问身体怎么样，家里有什么困难没有。我们把慰问金给了，把买的东西给了，就这样。一般每家也就10多分钟，我们基本上每年就是两节送温暖，大概得走四五十家。

1. **不能突出工会**

送温暖的费用虽然部分由工会经费承担，但是行政也有支持，同时因为工会又在党委的领导之下，所以工会不能过于凸显自身的角色。由于行政在企业中的位置最“重要”，因此送温暖之前的事务性工作全由工会承担，但当真正行动时则由行政领导带队，在BE公司是由副总以上的领导带队。

访问员：为什么不是工会带队呢？其实是工会做主要工作的。

ZW：不是，你工会送温暖代表谁啊？是代表这个企业党政工团嘛，大家都去关心，你不能把这个送温暖都算作工会的功劳，这个钱是行政拨的，行政每年要给我们35万的困难救济费。工会主席、副主席、主任，我们就三个人，我们不可能都去那什么，我们在这个时候也不能突出是工会在做这件事。这是企业在做这件事，是企业关心员工。你不能说是工会关心员工，企业它同样也关心员工啊，企业不支持你做这个事，企业不给你钱，你就做不了。这就是为什么我们做了好多事都没法去宣传，都得说是公司来关心大家，我们从来没有说是我们工会来关心大家。

行政领导事务繁忙，不可能家家都去，即使他们没去，工会送温暖的时候，说话时也必须把工会放在党政的后面，不能把工会送成孤立的组织。

ZXZ：送温暖这件事麻烦着呢，后来我就教我们的基层工会主席怎么去送温暖。咱们这儿的副主席也傻着呢，不会送。第一，一定要说我是代表我们单位的党政领导、受职工的委托来向您送温暖来了，不要先把工会挂在前头，那样就麻烦了，你等于就把你自己给撇出来了？

访问员：党政领导没去他也要这么说？

ZXZ：没去他也要这么说啊，这职工要跟他学啊。

访问员：职工还会学啊？

ZXZ：他这嘴不老实，不然他一到单位就说工会给我送温暖去了。完了吧，这无形之中好人好事没办着倒把你自己……行政还会有意见，我们也掏钱了，最后你去把金子全贴你脸上了？你得把党政领导挂在前头说啊，这几句话是非常关键的，要不然的话就把工会送成孤立的组织了，是不是？

由此可以发现，虽然在送温暖的过程中，有些话语是套话，但却是不可少的套话，工会要明白自己的位置，一定不能超越党政，凸显工会的作用，否则好事就没办好，还会给工会以后的工作带来障碍。

**2. 留出合适的慰问对象给行政**

工会干部知道各个职工的状况，会本着不给企业行政添“麻烦”的原则，选择家中不太苦的，道路不遥远的，不会难缠的困难户让行政带队送温暖，并且在工作中要多请示多汇报，免得党委和行政觉得工会要独揽好名声。

ZXZ：每年送温暖的通知，送温暖的范围，送温暖的人，送温暖的额度，都要主动跟行政联系。您要去哪几户，我就带着去，后来就成了党政工联合送温暖了。

**3. 组队去，省得扯皮**

送温暖的慰问对象都不会有太大问题，单位领导或工会干部拿着东西去了，从人情上说这些家庭都会表达感谢。但困难职工生活艰难，保不齐会有工会应付不了的事情。YZ 的策略就是不要一个人去，最好组队，大家彼此做个见证，别给自己惹上麻烦。

YZ：有时候是两三个人，最好是组队。你去人家困难职工的家里，人家说点什么，你怎么说啊，是吧，不能因为这事扯皮。

访问员：还会因为这些事扯皮。

YZ：他们会说别人有这么多补助，为什么我没有。这种事情即使我不说也照样会扯皮，就得有个人跟着，两个人更好一点。

受访人员表示，组队去送温暖，看起来热热闹闹，但工会干部也会避免与职工单独交流，甚至在职工提出棘手的问题时，要有人证明工会干部没有乱说话。

4. **工会作为行政的护身符**

ZW：在慰问时，行政领导会问有什么困难没有，接受慰问的职工就会说“还行，没什么困难”，就是说这么的。如果有困难，慰问结束后再跟工会反映也行。

年节慰问，困难户一般不反映困难，如果有人借机向行政反映困难，工会会主动接过话题，或者行政会说把困难反映给工会，由工会来负责解释。

## 五、工会基本撤出职工生活服务领域

1992年修订的《工会法》第六条规定：工会必须密切联系职工，听取和反映职工的意见和要求，关心职工的生活，帮助职工解决困难，全心全意为职工服务。游正林认为工会要保持与职工的联系，工会本来就是职工自愿结合的群众组织，要避免被职工抛弃，就应该面向职工、密切联系职工。“必须密切联系职工”这种法律条文的出现，在一定程度上表明有的工会组织有脱离职工群众的现象。① 当然，这样的规定也反映出工会作为工人阶级的群众组织，为职工服务，加强与职工联系的重要性。

---

① 游正林：《60年来中国工会的三次大改革》，《社会学研究》2010年第4期。

二十世纪五六十年代的企业工会全面介入职工的生活中，虽说有政治控制、加强社会整合的意图，但也体现出了对职工生活的关心。工会干部对工人有感情，认为改善职工的生活，为职工提供服务是工会应尽的责任。随着单位制的改革和市场经济体制的建立，企业工会的地位和角色发生了变化，对待职工的方式也在悄然发生变化。现在的国企中，工会开展工作主要靠规章制度，人情出现退化，不再主动介入职工的生活领域。

### （一）家庭矛盾跟企业没有关系了

过去生老病死，企业都管。现在企业已经不是集社会、政治、经济职能于一体的组织了，它越来越变成单纯的经济组织，以追求经济利益为目标。以往职工家庭闹矛盾，工会干部担心会影响生产积极性、影响社会团结，他们经常会放弃休息时间，周末去职工家里做调解工作。现在职工出现家庭矛盾，工会不觉得自己负有责任，因为家庭矛盾是个人的事情，与企业没有关系，工会没有义务管。《婚姻法》早已出台，凡事按法律办，再说以前结婚、离婚都得找工会开证明，现在不需要有这一关，职工各家的情况工会也不掌握。

ZW：家庭矛盾都是个人的事情，有一次两口子打架来公司工会要求调解，有一方是咱们的职工，另一方不是咱们的职工，咱们只能给劝劝。

访问员：一般咱们怎么劝啊？能把这事给平息了？

ZW：一般平息不了，只能劝，两个人之间什么情况都有，他找到咱们，咱们就安抚安抚，作为企业没有这个义务。如果说对方也是咱们厂的，咱们再找找单位做做工作。他要是不是这个厂的，这还真没法去说。

在调查中笔者发现，有的工会不仅觉得调解家庭矛盾不是工会的义务，还担心会给自己带来不必要的纠纷。

访问员：像一般有人闹家庭矛盾还找工会吗？

WBQ：这个本身跟咱们已经没有多大关系了。为什么？因为你家庭矛盾，在法律上有法律去援助。我现在就在想，这个家庭矛盾你单位能化解的了吗？家庭矛盾是家庭内部的事，对不对？我能劝住我的职工，我劝不住另一个，对不对？我不知道你能不能认同这一点。家庭矛盾的有些东西，法律都解决不了，你让我一个小小的车间工会去管。我处理好了，可以；我处理不好，怎么办？我认为咱们现在没有义务去处理这样一些事情。不过职工愿意来，家里发生了什么，咱们愿意去听，可以去劝劝我们的职工，但是不可能再深介入了，不然劝完过两天离婚，那还得找咱们了。

家庭矛盾复杂化，是社会矛盾的反映。受访的工会干部认为法律都不见得能管，工会更难管。婚姻是双方的事情，如果劝，工会只能劝自己单位的一方，另一方在别的单位，自己劝不了。处理好，则大家都满意，万一处理不好，反而自找麻烦。家庭矛盾是个人隐私，新一代的职工找工会的比较少，即使找来，工会拘于情面，就表面上调解调解，把握着说话的度，怕万一导致夫妻离婚，他们会来找工会的麻烦。

### （二）没事不去家访

除了节假日去看一些特定的职工，改制后基层的工会干部平日不会去职工家里家访。

访问员：现在周末，工会主席还去职工家里走访吗？

ZW：周末不会，去走访也没什么意义，去走访干嘛？本身这主席也都是兼职的，他不是专职干这个的，他有他的工作，周六周日可能还要加班，人家也有家庭生活，人家为什么要去走访？再一个你有特殊情况还不就是生病住院了，是吧？或者生活困难了，我们要核查了我们再去了解情况，平时没事好好的你去人家家干嘛去？

访问员：就是很突然是吧？

ZW：是这样。而且现在平时串门的人基本都没有。一个单位好比说有300多人，你这个领导你转得过来吗？有事没事你上人家家里转什么去？给人家添麻烦！你说两口子不是一个单位的，突然你们单位来一个人上你们家去，问这问那的……你说这家里怎么想？

访问员：但其实咱们章程上也有要求去走访困难职工是吧？实施起来难度大吗？

ZW：走访困难职工的困难不大啊。肯定都走访。每年元旦春节要走访，送钱，送物。然后你看春节、五一、十一、中秋，这都要走访的。困难职工核查要走访，生病住院的要走访，患大病的要走访。这些都能做到，不困难，而且我们公司工会都会去，但肯定都是工作时间去。

访问员：只在工作时间去？

ZW：对啊。周末你没法要求车间的工会干部必须得去啊。人家说我应该休息你凭什么让我去，我这算加班呢还是算什么啊？你搞这种形式现在没有任何意义。你关心职工，需要走访的时候你走访，不需要走访的时候你不用去，你去了也没有任何的意义，反而给人家添麻烦，给你自己也造成麻烦。过去呢，一个就是他的工作量没有这么大，而且过去人浮于事的也多，职工也多，大家分工也比较明确，你干这个，他干那个。现在经常需要加班加点的，他每天就这样上班他都很疲惫了，然后你再让他去弄那些，他也没有这个精力了。再一个现在个人的空间也都比较隐蔽，他也不希望你什么都知道。

ZW 认为家访没有意义，没来由地去职工家里会显得很突兀。现在的社会都很注重个人隐私，职工们劳动量增加，光工作就非常疲惫，工会干部没事去家访只会给他们添麻烦。同时，无缘由地单位来人聊家常是一件不正常的事情，不仅职工纳闷，其家人会更困惑。再说职工休闲娱乐方式增多，打发时间的方式有很多种，不会希望工会来家访。公司工会也不能要求车间工会去职工家里家访，车间工会主席本来就是兼职的，要求他们在休息时间去家访，要不要算加班还是个问题。工会在有特殊情况需要走访时，都是在工作时间去家访，不可能要求工会干部在非工作时间去。

公允地说，相较于企业内的其他机构，工会还是一个人性化的组织。在职工的眼中，行政的工作有严格的管控性，“管人”、“扣钱”是两个关键词。工会不是经济单位，也不是权力部门，它工作的开展要靠会员的参与，这要看工会能否具有动员和号召能力。如果工会彻底割裂与会员的联系，工会在工作上将寸步难行，这些决定工会要关心职工，与他们拉近情感，才可能有群众基础。客观上，工会联系职工的机会很少，工会不能利用生产时间开展活动，现在职工的劳动量大，生产任务紧张，工余闲暇时间已经一再压缩，在 BE 公司，职工只有中午一小时的空闲时间，下班后无故不能在企业逗留。工会干部们自己承担的工作量都不少，周末可能都加班，与职工的联系只能见缝插针。LYY 在夏季炎热时，骑着三轮车，亲自去车间给工人送冰镇矿泉水，由于经费有限，一人一瓶，送了就走了，没时间与职工说话。遇到某些职工，如果他几日前因母亲生病住院请假，就关心地询问：你母亲怎么样了？出院没，身体怎么样了？如果听见某职工感冒咳嗽，过两日再见他就问他感冒好了没有。员工要是住院了，工会就及时探视，送去安慰。这样的日积月累，也为企业的工会工作打下群众基础。

关心的话可以说，但实质性的问题解决不了，也提供不了实质性的服务，这是受访企业工会中的一个突出的问题。比如离异无房的职工找工会要求解决住房，工会一点办法也没有。在 LYY 所在的企业中，职工加班时间长，工资低，牢骚多，有怨言，有的对工厂成本抠得严，工作服破旧不发新的，安全条件差、生活不方便等也有意见。LYY 倾听职工的牢骚，会把有的问题直接反映给车间主任；对于职工说工资低的牢骚，她会直接回应：发钱涨工资不可能，绝对不可能，别想着了；再有发牢骚喊累，嫌工作时间长的，她就耐心劝解职工要理解市场经济条件下及时完成合同的重要性。

LYY：像说工作时间长的，我们只能劝他耐心地做下去。市场经济，你不加班加点干你就没有工资，完不成合同，你就拿不到钱。平时反正也有抱怨的，就说老加班啊，只有小礼拜啊，但是大家也都知道，你不加班你就没有工资，大家现在已经形成这种习惯了。我们加班肯定是按照《劳动合同法》给加班费，职工也就发发牢骚。他也知道，你要真让他没活干，两三月跟家待着，他比谁都着急，毕竟承担着家庭的负担呢。

在访谈的企业中，职工大多都是加班多，工资低，劳动强度大，职工的怨言不少。BE 企业的工会办公室主任也表示职工虽然遵守工作规则，但劳动积极性不高。工会干部以市场经济的逻辑来给职工做解释，让职工看到企业给职工的好处，劝职工要体谅企业的难处，珍惜来之不易的工作，让职工认识到工作虽然辛苦、收入也不高，但总强过没有工作干。

市场化改革以后，中国由总体性社会向后总体性社会转变，国有企业是行动的主体。政府为了发展经济，搞活国有企业，赋予了企业很强的自主权。党政分开、政企分开，国家对企业行政性的指令弱化，企业以市场为导向，以追求利润为主要目的，所以国企受来自上级的管理较弱。企业工会在形式上依然是自上而下系统的管理模式，但在内部运行上，却与企业管理层、企业行政产生了密切关系。资本排斥工人，这导致工人的“主人”地位不再，其被置于劳动力的地位。企业工会由于缺乏参与企业管理的机制与资源，尤其代表维护工人利益和参与企业决策的能力有待加强，这增加了企业工会在工作中的无力感。在单位福利制度瓦解，国家建立具有自由主义特征的福利体系之下，企业工会的福利职能也逐渐变得边缘化，出于维护职工权益同时也是出于维稳的考虑，企业针对困难职工提供救助，具有严格的选择性。在市场经济条件下，企业、工人利益出现显著的分化，工会作为协调二者关系的组织也遭遇了工作的困境。

# 第六章　企业、工会、工人之间承认关系的转变

不管是计划经济时期工会的三位一体的职能，还是市场经济时期四个职能，工会的定位始终是党联系职工群众的桥梁和纽带。这个定位一直有内在的矛盾和不统一，随着中国经济体制改革，国企工会的这种分裂愈加明显。从参与职能、福利职能两个维度分析计划经济时期和市场经济时期国企工会的自主性，研究发现计划经济时期的企业工会对企业行政来说具有弱自主性，而市场经济时期企业工会对企业行政的依赖则更加明显。

在不同的国家，工会的角色和地位都有很大的差别。海曼（Richard Hyman）认为所有的工会都面临三个方向的问题。作为受雇者的协会，它们的主要关切点是制约“工资—劳动”的关系：它们提供劳务和受领工资。因此，工会无法忽略市场的存在。但是，作为劳工的组织，工会额外体现了集体利益和集体身份的概念，这个概念把劳工和雇主分开，无论工会是否支持阶级分隔和阶级反抗的意识形态，它们都无法回避作为阶级代理机构的角色。同时，工会也在社会架构内生存与运作，它们可能渴望改变这个架构，但是这个架构限制住了它们目前的选择。工会要存活，必须与其他机构和利益群体（即使是那些被某些工会宣称可能是无法改变敌对状态的群体）共存。工会是社会的一部分。工会主义的几何图形如下：

在某种意义上，这个永恒三角关系上的每一角都关联着工会主义的一种独特模式。商业性工会锁定市场，整合性工会关切社会，激进反抗性工会重视阶级。这样的划分犹如韦伯的“理想型”论述，但是现实不会如此纯粹。海曼总结道：在实践中，工会的本体特质和意识形态通常坐于这个三角形之

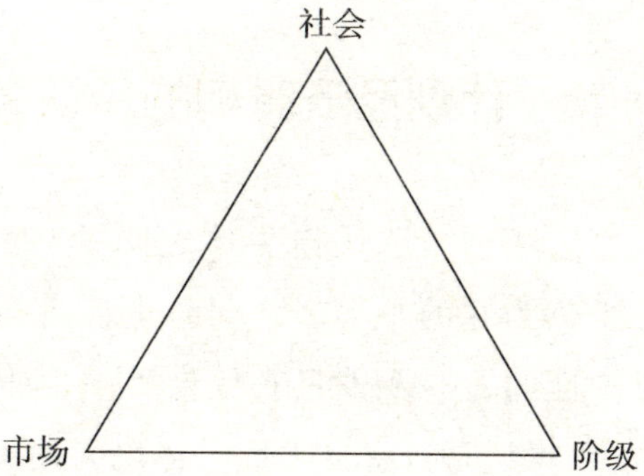


内。在大部分的案例中，实际现存的工会已经倾向于一种三个理念型中两个对立者的混合体。换言之，它们已经趋向于三角形的一个边：在阶级和市场之间，在市场和社会之间，在社会和阶级之间。①

海曼的理论有其前提，一是他所论述的欧洲工会，是工业革命下的产物，指的是具有共同技艺或技术劳工的结合；二是他所讨论的社会具有发达的商品经济，这些与中国的情况都不太符合。中国的工人阶级不是同一的阶级，在裴宜理的研究中，中国工人在新中国成立前就是四分五裂的，不是同一的阶级，而在新中国成立后工人阶级则被高度政治化了。中国工会产生于政治革命，法律规定它是中国工人唯一合法的组织，《工会法》和《中国工会章程》都规定：中国工会是中国共产党领导的职工自愿结合的工人阶级群众性组织，是国家政权的重要社会支柱，是会员和职工利益的代表。在党的领导下，依法独立自主地开展工作。它不是单纯地维护其会员经济利益的组织，它要受共产党的领导，在中国的政治体制中，工会不具有对抗的性质。

海曼的论述体现了工会处于各种关系之中，本研究关注的也是国企工会与利益相关方的关系。虽然中国共产党对工会有领导作用，上级工会对于企业工会负有领导和服务的职责，但工会具体工作的开展都在企业行政和工人间发生密切的联系。它们三者之间的关系需要深入的研究。

本章将引入承认的观点来对三者的关系进行分析。

① Richard Hyman 著：《比较工会运动》，许继峰、吴育仁译，韦伯文化国际出版有限公司，2004年，第2—6页。

## 第一节　计划经济时期的承认关系

在黑格尔对承认的论述中，承认指主体之间的一种理想的相互关系，其中每一主体视另一主体为它的平等者，同时也视为与它的分离，这一关系被认为对主体是建构性的。一个人只有凭借另一主体的承认和被承认才成为一个独立的主体。[①] 承认是具有自主性主体之间的关系，把企业行政视为企业人格化的代表，工会干部视为工会人格化的代表，他们与工人之间在计划经济时期的关系是实质承认关系。当然，在计划经济时期中国的政治体制中，这是一种相对的实质承认关系。

新中国成立后，中国共产党的工作重心由农村转入城市，确立了工业化的道路。党急需工人阶级对其合法性的认同，国家着力塑造工人阶级的"主人翁"形象。裴宜理通过对新中国成立前上海工人运动的研究，认为中国工人不是同一的阶级，他们四分五裂，这种分裂能为具有政治影响的工人阶级行动提供基础——不只是在支持这个或那个政党，而是在是否支持新成立的政权。政府给予国营企业工人优厚的工作保障和福利待遇，这既是保护新中国成立前工匠的遗产，也反映出政府对工人阶级群体潜在的政治、经济力量的认同。因为当时的中国政府与其社会力量相比还没有做到完全自主，政府不得不面对各种社会势力可能产生的反抗。政府必须与这些势力达成妥协，其中工人阶级应该是优先考虑的对象，因为他们在历史上的反抗给人的印象太深刻了。在各个省市，国有企业职工的特权受到当地总工会即政府分管工人事务的分支机构的监督。[②] 在汤森等的分析中，党赋予了城市工人阶级拔高了的政治地位。中国共产党采纳了正式承认无产阶级在革命中的领导权的立场，而且在1949年以后，又给予产业工人以特

① 南茜·弗雷泽、阿克塞尔·霍耐特著：《再分配，还是承认——一个政治哲学的对话》，周穗明译，上海人民出版社，2009年，第7页。

② 裴宜理著：《上海罢工——中国工人政治研究》，刘平译，江苏人民出版社，2001年，第351页。

殊的经济和政治特权。[①] 国企实行党委领导下的厂长负责制，企业管理者和工会同在党委领导之下。工人的地位得到承认，作为工人利益代表的工会也同样得到行政的承认。

在当时的中国，工人是一个政治符号，号称是“主人翁”，但于建嵘认为在以等级管理为基础的工厂制度的面前，生产工人与管理者之间地位的差距是不可避免的。特别是随着国家机器的扩张，一个超规模的社会管理阶层就具有了完全的形态和独立的地位。这样，作为领导阶级的“工人阶级”与工厂的管理者及国家管理者之间都存在显著的差别，工人在这种身份的序列中依然处于最底层。作为政治符号的“工人”与现实社会生活中的“工人”之间的角色冲突随着时间的推移也就显现出来了。[②] 但在当时强烈的政治气氛和社会主义的意识形态之下，工人受到重视是显而易见的。国家在工资分配上避免干部与工人的差距，提倡干部与工人一起劳动，劳动的价值受到推崇，工人获得“先进”、“劳动模范”的称号，非常光荣。国家全心全意依靠工人阶级，在工厂中推行群众路线，实行企业管理民主化，吸收、鼓励工人参与生产管理。计划经济时期国有企业和集体企业实行固定工制度，工人从进入企业之日起就拥有完全的就业保障，不存在失业和下岗。工人在全社会中具有很高的社会经济地位，工人在企业中具有较强的参与性和自主性。

华尔德认为中国工人对于企业有高度的依附，但他的理论是在对逃到香港的内地工人做的大量访谈基础上形成，他本人并没有真正进入中国的企业调研，有不少学者从多个角度对他的理论提出了质疑。蔡禾认为国企职工虽然对企业在资源上有高度依赖，但职工对企业的这种资源依赖并不导致华尔德所描述的那种对领导个人的“依附”，这种资源依赖无助于领导者个人权威的形成，或者无助于权力运作的有效性，甚至可以说，这是一种无权威的依赖，因为职工作为报酬从企业获得的资源，实际上不是严格地遵守交换原则给予报酬的，而是以是不是企业的固定工这一身份来决定的。这是一种“身

① 詹姆斯·R. 汤森、布莱特利·沃马克著：《中国政治》，顾速、董方译，江苏人民出版社，1994 年，第 50 页。

② 于建嵘：《抗争性政治：中国政治社会学基本问题》，人民出版社，2010 年，第 148 页。

份报酬性资源”。一个职工只要不被开除，哪怕受到一些行政处分，除了有可能影响到工资晋升外，这种“身份报酬性资源”的获取一般是不会受到影响的。[①] 虽然路风认为职工与单位的关系表现出控制与依附的特征，国家与单位的关系也总是表现出控制与依附的特征。[②] 但是在国企中，以“铁饭碗”和工作场所福利制为核心内容的制度结构使管理者从来没有能够有效地控制和协调生产过程。[③]

为了调动工人的劳动积极性，政治动员被强调。工会通过劳动竞赛、评优评先、先进生产者运动、做思想工作对工人进行动员，有较大的工作空间。计划经济时期，工会、工人、企业利益比较一致。工会主动去解决职工的生活问题，与工人有阶级感情。企业行政是弱权威，依附于国家。工会在企业中与企业行政虽不是完全的平等关系，但行政为了完成国家的生产任务，需要依靠工人和工会，党和行政支持工会工作，国家的力量可以通过自上而下的系统到达基层。工会在生产管理和动员职工上起到了辅助行政的作用，工会干部自感与行政是伙伴关系。

国家意图建立社会主义的共同体，企业、工人、工会同处于一个共同体之中。通过工会，工人在工作场所有参与，意见有表达的渠道，工会在一定程度上可以代表工人参与民主管理。在卢梭的政治理论中，参与的第一个功能是会对参与者产生一种心理效应，能够确保在政治制度运行和在这种制度下互动的个人的心理品质和态度之间具有持续的关联性。[④] 参与能提高个人自由价值，通过使个人成为（或保持）自己成为自己的主人。参与的第二个功能是它使得集体决策更容易地为个人所接受。参与的第三个功能是整合性功能，即它提升了单个公民的“属于”他们自己的社会的归属感。在某种意义上，参与的整合性来自上面所提到的所有因素，而且，参与的意义更重要的

① 蔡禾：《论国有企业的权威问题——兼对安基·G·沃达的讨论》，《社会学研究》1996 年第 6 期。

② 路风：《单位：一种特殊的社会组织形式》，《中国社会科学》1989 年第 1 期。

③ 路风：《国企转变的三个命题》，《中国社会科学》2000 年第 5 期。

④ 卡罗尔·佩特曼著：《参与和民主理论》，陈尧译，上海人民出版社，2006 年，第 22 页。

是参与过程本身的经历，以及参与过程所导致的复杂结果，不管是对于个人还是对于整个政治体系。这种参与经历使个人与他所在的社会联结起来，使社会成为一个真正的共同体。[①]

在中国建设工业化的道路上，国家选择了牺牲农业来保证工业的发展。中国没有建立保障全民的制度性福利体系，而是在城市中，建立了单位福利制度。国家让单位代理国家的职能，给予工人保护。工人用服从交换国家的保护，或者国家用保障来赢得工人对社会主义政权的认同。马歇尔提出公民权的三个维度，包括发展于18世纪的民事权、19世纪的政治权和20世纪的社会权利。社会权利包括：最起码的经济福利，完全享有社会遗产，生活在一个普遍标准的文明生存条件里。[②] 从保障制度来看，计划经济时期的工人享有社会权利，但有学者认为当时国家的福利体系并不是基于权利的设计，社会主义国家的福利保障代表了国家对人们的仁慈、恩惠和照顾，亦是推动经济建设和稳固政权的一种机制。[③] 权利也好、仁慈也罢，普遍性的福利有助于构建团结感，工人的劳动力不是作为商品来出售，他们能感受到国家对他们的重视。米德认为只要个人通过赋予权利而作为共同体成员得到承认，个人就被赋予了尊严。他运用“自尊”来表示对自我的积极态度，认为如果个人被共同体成员作为一个特殊的个人来承认，那他就能采取这种积极的态度，反过来，自尊的程度又依赖于主体通过互动伙伴获得肯定而实现个体化的特征或能力。由于“权利”使每个人感到他们与共同体的其他成员共有的特征得到了承认，所以米德认为，“权利”是自尊的稳固而又唯一普遍的基础。[④]

工人与企业、国家建立了利益共同体的意识，在工作和生活中体现了主人翁精神。袁进等在对20世纪50年代上海工人阶级的生活方式进行的研究中，发现工人们的主人翁精神还体现在他们努力提高产量、质量的同时努力

① 卡罗尔·佩特曼著：《参与和民主理论》，陈尧译，上海人民出版社，2006年，第25—26页。

② Marshall , T. H. Citizenship and Social Class. In T. H. Marshall & Tom Bottomore ( eds. ) . *Citizenship and Social Class* . London ; Pluto Press, 1992.

③ 梁祖彬、颜可亲：《权威与仁慈—中国的社会福利》，香港中文大学出版社，1996年，第5—6页。

④ 阿克塞尔·霍奈特著：《为承认而斗争》，胡继华译，上海人民出版社，2005年，第86页。

地节约一分一厘，降低消耗，节约成本。不丢弃一个螺帽，不浪费一根焊条，铆工在铁板上下料时，就像裁缝在布料上裁衣一样，不肯浪费一寸铁板。一些工人在路上看到车上洒落的一块焦、一块矿，也会捡起来丢进料场；许多工人们把自己家门前以前当地砖铺的旧耐火砖都挖起来给厂里回收利用；有些工人下了班后推着小车在厂区的路边捡废钢，十数年如一日……[①]也许这样的描述并不是时时处处存在于所有工人的工作中，但依据笔者访问到的老工人和老的工会干部回忆，以上所言不虚，当时的工人确实有这样的劳动热情和爱厂如家的感情。

## 第二节　市场经济时期的承认关系

1978 年以后的 30 多年中，我国的经济体制从计划经济体制转向了市场经济体制。经济体制的改革使得企业、工会、工人之间的承认关系又出现新的变化。

### 一、企业、工会、工人之间的承认关系

在中国经济、社会的变革中，国企的改革是中心环节。从放权让利到扩大企业的自主权再到党政分开，政企分开，转换经营机制，建立现代企业制度，国企的自主权不断增加，企业管理者掌握了大部分企业管理的权力，而工人在企业的角色和地位则由“主人翁”变为雇员。国有企业由一个集政治、经济、社会职能于一体的单位向单纯的经济单位转变，国企工人的终身就业保障被打破，与企业形成了契约关系。与此同时，企业的社会职能外移由国家来承接，而国家建构的福利体系又倚重市场的力量。

企业改革的每一步都会触及工人的利益，国企工会随着改革大潮起起伏

① 袁进、丁云亮、王有富著：《身份建构与物质生活：20 世纪 50 年代上海工人的社会文化生活》，上海书店出版社，2008 年，第 18 页。

伏，在改革的进程中，国企工会不断寻找自己的位置。在国企这个场域中，工会相对于行政的自主性在降低。在市场经济体制下，企业成了自主经营，自负盈亏的主体，工人与企业的利益出现分化，工会作为工人和企业之间的协调者，由于其自身岗位设置、经费、地位等都需要企业行政的支持，因此企业工会的活动受到企业行政的影响。通过笔者访谈可以发现，受访的工会干部的逻辑是管理者是为了企业的利益，而企业的利益就是员工的利益，只有企业发展了，职工才能有工作，才能增加收入。这个逻辑在计划经济时期还勉强说得通，但在市场经济体制下，在职工与管理者的收入差距加大的局面下，前者没有在企业发展中获得太多收益，存在相对剥夺感和不公正感。工会在这种情况下，难以通过做职工思想工作的方式来促进生产。在波兰尼的论述中，工会是一种对抗市场化的反向力量，起到保卫社会的作用。在我国的市场经济体制下，有的企业工会有参与职能虚化、福利职能边缘化的情况，它只能尽其所能给职工一点实惠，增加工会的吸引力，适度表现出工会的作用。以往工会工作围绕着提高职工劳动积极性来开展，现在则主要是为了维护社会稳定，工会不主动介入工人的生活，工人来求助，工会干部依照规章制度解释、办理，安抚职工，不激化矛盾。在国企中，企业工会的架构还在，但是人员已被大幅削减，以往工会做的工作都还在做，但运作的逻辑已经发生变化，企业行政给予企业工会的支持也有限。

企业管理者看重利益和效率，运用科学管理体制来控制生产过程。赵明华等人在1993—1994年对河南省的三家国有纺织厂的田野调查就已经发现工厂在追求速度、效率，精减人员，实行满负荷工作法，在工人出勤率上进行严格的管控。① 企业中建立了严格的规章制度，处罚措施严厉，劳动日益商品化，工作成了谋生的手段，工人缺乏与企业谈判的能力。工人不再是让大众羡慕的职业，在社会分层中处于下层，职业的荣耀不再。“大量研究成果已经证明，近20年的中国社会转型，工人阶级内部发生了分化，内部各个群体的

① Minghua Zhao and Theo Nichols. Management Control of Labour in State - Owned Enterprises: Cases From the Textile Industry. *The China Journal*, No. 36, July, 1996.

相对地位发生了变化，工人阶级的社会经济地位明显下降，作为工人阶级主体的产业工人在社会资源分配体制上的弱势地位也成为不可否认的事实，他们中的大多数人属于利益相对受损群体和社会底层群体。”①

在调研中，笔者遇到了一个在20世纪80年代进入BE企业工作的一家四口都在该公司的女职工，她很困惑地说：

> 国家政策有扶持农民、老师、知识分子的，就是没有扶持工人的。以前还工人老大哥，现在成了老小弟了，真的，工人现在挺没地位的，以前整个社会真是以工人为主，你看现在……

因为当时访谈是在车间工会主席LYY的办公室进行，该女职工没有往深处说，而且话刚一说到这里，就被工会主席插话进来，说工人觉得收入低，是因为在北京，消费太高。要在中等城市，两千多元钱的收入还是很高的。

在另外一次访谈中，LYY也说现在家长但凡有条件，都不让自己的孩子当技术工人。另一位车间主席WQ最头疼的事是青年职工的思想工作难做，以往他会给职工细说因不遵守规章制度而被罚款50元、100元很不值当，一天的活就白干了（这貌似是站在职工利益的角度来思考问题，实则是在帮助企业进行管理，让职工不要违反工厂的规定）。但在青年职工那里，这个办法行不通了，由于工厂工作环境差，收入不高，青年职工对企业不认同，对工人职业不认同，更遑论热爱工作了。由于工厂是由严苛的规章制度管着的，动辄扣钱，这让职工对企业缺乏认同感。由于现在在外面摆个地摊一月也能挣两千多元的收入，这比起工厂工作还自由些，所以年轻的职工对于现在的这份工作不重视；而年长的职工由于文化程度不高，缺乏社会关系，还珍惜现在这个就业的机会，靠这份工作来谋生，但这也仅仅是为了谋生，其对于企业和自己的自尊感、主人感、参与感、安全感已逐渐消失。

霍耐特认为，无论在黑格尔那里，还是在米德那里，我们都没有发现一种对蔑视的系统思考。蔑视，作为对应于承认关系的否定等价物，可能迫使

---

① 于建嵘：《抗争性政治：中国政治社会学基本问题》，人民出版社，2010年，132页。

社会行为者认识到他们被拒绝承认。因此，霍耐特系统地区分了不同类型的侮辱和伤害，努力填补了这个空白。[①] 与承认的三种形式：爱、法律、团结相对应，也存在着三种蔑视形式，每一种蔑视可以说都是激发社会冲突的行为动机。[②] 霍耐特以分析的方式区分出三种蔑视经验，第一种蔑视形式深深地扎根于那些肉体虐待的经验中，摧毁着一个人的基本自信；第二种蔑视形式是个体在结构意义上被社会排斥在权利的占有之外，这种蔑视经验十分典型地导致自尊的失落；第三种蔑视形式与个体或群体的社会价值有着消极的联系。如对个体或集体的生活方式进行贬黜，我们方可得到现代意义上的“伤害”、“诽谤”等行为样式。对个体而言，这些社会贬值的经验特别导致了自我重视的失落。[③]

1978 年开始进行的改革，走上了与计划经济时期不一样的发展道路。罗丽莎把中国市场经济时期工人的社会状态称为“缺席的存在”。她认为“计划经济时期的社会主义在修辞上将工人和农民一起作为国家的主要英雄。毛泽东树立起他们的革命意识，而这意识将带领中国进入超过西方资本主义的社会主义现代性。在 20 世纪 80 年代和 90 年代关于中国如何才能达到现代性的讨论中，最令人震惊的是工人很少被提及。他们没有被描述为适宜作为改革开放中的现代性主体，替代他们的是那些知道如何获得不同国家的支持而振奋经济和社会生活的人。与此相对照的是，工人有时候却出现在官方和精英们的那些关于可能阻碍中国实现现代性的障碍的评论中”。[④]

1980 年 8 月，邓小平在中共中央政治局扩大会议上提出，干部要四化：革命化、年轻化、知识化、专业化。1988 年邓小平又提出“科技是第一生产力”。体力劳动的光荣地位让位于知识的价值、科技的价值。在注重学历的国企中，普通工人越来越难以实现身份的转变，工人群体在改革开放大潮中处

---

① 阿克塞尔·霍奈特著：《为承认而斗争》，胡继华译，上海人民出版社，2005 年，第 101 页。

② 同①，第 5—6 页。

③ 同①，第 143 页。

④ 罗丽莎著：《另类的现代性——改革开放时代中国性别化的渴望》，黄新译，江苏人民出版社，2006 年，第 96 页。

于“去中心化”的地位。经济体制改革使得国家去意识形态化，阶级话语逐渐消失。

1950 年的《工会法》在开篇写道：为了明确规定工会组织在新民主主义国家政权下的法律地位与职责，使全国工人阶级更好地组织起来，发挥其在新民主主义建设中应有的作用，特颁布工会法如下。1992 年通过，2001 年修订的《工会法》的开篇则是：为保障工会在国家政治、经济和社会生活中的地位，确定工会的权利与义务，发挥工会在社会主义现代化建设事业中的作用，根据宪法，制定本法。通过对比可以发现，在后者那里，制定法律的原因，其重心是发挥工会的作用，没有提到工人阶级和工人阶级的作用。

经济体制的调整使工人的一部分利益遭到损失，对于一个个的个体来说，他们遭受的困窘是真实存在，无比现实的。在经济的发展中，工人的收入也逐年增加，但分配方式的变化使得不同岗位的工作人员收入差距增大，有的工人因此产生相对剥夺感。在计划经济时期，由于工人处于国家和单位的体系中，他们作为共同体的重要成员和社会主义建设的重要力量被承认；而在市场经济时期，他们在一些“精英”的视角下却成为无秩序的、只注重眼前物质利益的群体，被认为是现代性的“障碍”。在此条件下，工人与企业利益分化，没有了共同体的意识，劳动成了其谋生的手段，企业成了其劳作的场所。他们逐渐不认为自己是企业的主人，更不认为可以平等地与企业管理者对话，尤其在下岗职工中，更有一种被企业抛弃的心理。

工人有许多的诉求，但企业工会在维护工人利益的时候却面临现实困境。企业工会的合法性来自国家的赋权，而企业在改制后成为以经济利益为导向的自主性主体，工会工作被排在了经济发展之后，不再是企业管理者优先考虑的问题。同时，由于企业工会在人事安排、人员工资、活动经费等方面都需要企业行政的支持，因此企业工会在维护工人权益时也需要考虑企业行政的意见，使得部分工人对企业工会的维权期望降低。

已经有学者呼吁给工人更完备的社会保障，提高工人的工资，但是，仅此并不够，工人还需要得到承认。在工人采取的集体行动中，固然有物质利益方面的诉求，但还有强烈的承认诉求。于建嵘的研究已证明，那些起来维权抗争的工人代表们，虽然也认识到自己已边缘化，成了社会弱势人群，但在他们抗争时的诉求文本中，却仍然认为自己是国家的主人，把自己视为国家的基础，仍然认为自己具有高于农民的身份。在他们不能为自己的行动寻找到确定的法定依据时，就把“我们是国家的主人”、“我们曾经为国家做出过贡献”、“不平等”、“不公平”这些政治口号作为了他们行动的依据。[①]

市场经济体制的建立，改革的推进，理应形成一个更公平正义的社会，否则改革将去向何处？将何以得到广大人民的拥护？工人获得“自由”的同时却失去了保障和谈判能力，原子化的工人对于现实中的遭遇除了选择默默接受之外，是否还会有别的选择？

## 二、走向再承认

中国的改革牺牲了一部分工人的利益，市场经济体制改变了中国的劳动关系，资强劳弱是如今的局面。国企改制使工人付出了沉重的代价，但残酷的现实也促进了工人的觉醒和权利意识的产生。近些年来劳动争议案件加速增长，职工群体性事件也此起彼伏。国家一再要求维稳，但稳定并不能靠高压手段和压制矛盾达到，利益群体的诉求理应有合理的渠道反映，为中国的发展做出巨大贡献和牺牲的工人们必须要得到国家实质的承认，大众对社会的公平正义有着极大的渴求。

在中央新的执政理念之下，国家在政策层面加强了对于工人的保护和对工人的补偿，并且更加重视加强工会的建设，赋予了工会更多的维权资源和手段。

在中国劳动关系的新的发展形势下，中国工会也力图有所作为，积极倡导维护工人的权益。2010 年 7 月召开的中华全国总工会十五届四次执委会议上，王兆国同志提出了“两个普遍”。要求依法推动企业普遍建立工会组织；依法推动企业普遍开展工资集体协商。各地工会为了扩大工会的影响力，增

① 于建嵘：《抗争性政治：中国政治社会学基本问题》，人民出版社，2010 年，第 149 页。

强工会的作用，也对工会进行了一些改革，如江苏昆山等地推行了“上代下”的制度，即“上一级工会代行基层工会部分维护职责办法”。[①] 深圳首创工会干部“岗位津贴”，降低了企业工会干部被解聘的风险。[②] 沈阳探索建立了一支职业化的工会干部队伍。[③] 2012 年 3 月，山西省总工会发布消息，推行“工会组织亮牌子，工会主席亮身份”的“双亮”活动，要求 10 万名企业工会干部公开自己的手机号码。“此次要公开电话号码的工会干部至少有 10 万名，覆盖 750 万工人。企业职工可就工资保障、生活难题等问题寻求工会救助。”[④] 工会采取的以上措施都旨在解决基层工会维权难的问题，依附企业的局面，但非公企业和国有企业性质不同，在具体夯实基层工会基础，推动企业公会发展的工作中依然任重道远。

工会要切实关注工人利益，在加强福利服务方面，可以引入社会工作的理念和方法，并将其作为在企业和职工之间重新获得承认的一种途径。社会工作专业秉持正义、平等的价值观，重视人的价值，尊重人的主体性，平等对待服务对象，注重个体的需求。2006 年中共十六届六中全会通过《中共中央关于构建社会主义和谐社会若干重大问题的决定》。《决定》指出，建设宏大的社会工作人才队伍……充实公共服务和社会管理部门，配备社会工作专门人员，完善社会工作岗位设置，通过多种渠道吸纳社会工作人才，提高专业化社会服务水平。当前正处于社会转型期，企业工会工作面临着严峻的挑战，社会工作在理念、方法、技巧等方面都可为其提供借鉴。企业工会通过引入社会工作服务，可以促进职业服务，促进职工对企业的参与，促进企业、工会对职工的承认。

---

① 来源于人民网，题为《昆山：上级工会代行基层工会部分职责》，网址：http：//acftu. people. com. cn/GB/6848647. html，最后查阅日期：2014 年 6 月 5 日。

② 来源于南方报网，题为《深圳首创工会干部“岗位津贴”降低被炒风险》，网址：http：//nf. nfdaily. cn/nfrb/content/2010 -03/25/content_ 10439388. htm，最后查阅日期：2014 年 6 月 7 日。

③ 来源于新华网，题为《沈阳首次招聘职业化工会干部》，网址：http：//www. nen. com. cn/77971867083735040/20070815/2290055. shtml，最后查阅日期：2014 年 6 月 7 日。

④ 来源于中国新闻网，题为《山西令十万工会干部公布手机号码引发热议》，网址：http：//www. chinanews. com/gn/2012/03 -18/3751894. shtml，最后查阅日期：2014 年 6 月 7 日。

# 第七章　结论与讨论

中国工会兼具政治和社会属性，目前对中国工会的研究多从政治角度进行，许多学者提出工会的应然状态，但工会，尤其是直接面向会员的企业工会的实然状态如何，还没有被深入地探究过，国企工会一直以来具有的福利传统则被忽视。新中国成立至今，中国经历了由计划经济体制向市场经济体制的转变，社会形态由总体性社会转向去总体性社会，作为改革中心环节的国企经历了多次变革，至今也还没有彻底完成。在这个变迁过程中，国企工会的角色和地位发生的变化，国企工会工作空间的变化需要进行更为细致的研究。本文从国企工会的实然状态出发，从政治——福利角度研究其在改革进程中的角色和地位的变迁，分析工会、企业行政、工人三者之间关系的变化。全国总工会作为中国唯一合法的代表职工利益的组织，它的功能发挥如何不应被学界所忽视，工会发展变迁反映了中国工人的发展变迁，对于它的研究就是对中国工人的关注，对企业工会的判断需要对企业工会进行深入的调研，探究其运作的逻辑。

正是基于这样的研究目的，笔者开始实地调研，访问了多位退休和在职的工会干部及工人，收集了大量的访谈资料、文献资料等，呈现了国企工会的参与职能、福利职能在计划经济时期和市场经济时期的变化，本章则将要总结前文的研究发现，得出结论，在此基础上做进一步的讨论。

# 第一节 研究发现

## 一、计划经济时期的国企工会具有弱自主性

新中国成立后，我国实行了计划经济体制，国家掌控了资源，为了巩固政权，团结和动员人民，社会主义意识形态具有格外重要的地位。党确立了依靠工人阶级的方针政策，国家在对工人进行改造的同时，赋予了他们“主人翁”的称号。工人从底层的劳动者成为新中国最重要的建设者，被尊称为“老大哥”。国企集政治、社会、经济职能于一身，在现实的运作中遵循政治的逻辑，执行国家的生产任务，承担了国家的福利责任，为工人提供了全面的保障。国企的管理体制实行党委领导下的厂长负责制，企业行政和工会同在党的领导之下，虽然工会资源有限，但由于它是工人的组织，比较容易能得到党和行政工作上的支持。企业行政需要工会动员工人积极参与生产，解决工人的生活问题。为了完成国家的生产任务、体现社会主义的优越性，工人的生活保障受到了重视。工会与工人有较紧密的联系，关心工人的生活，主动为职工提供服务，只要与职工生活有关的事情，都被工会认为是分内之事，党和企业行政均大力支持工会的工作，工会在企业中发挥较大的作用，是企业行政的协作者。在总体性社会中，行政、工人、工人处于利益共同体之中，工会在企业的生产管理、民主管理工作中有强参与性，是职工的福利的代表者，由于工人具有较高的制度地位，使得企业工会与企业行政在关系上具有弱自主性。

## 二、企业改制后国企工会对企业行政的依附

党的十一届三中全会拉开了中国经济体制改革的帷幕，国家以经济建设为中心，为了增强国企的活力，自上而下增加了国企管理层的自主权，国企

行政拥有了裁员等多项权力。改制后，企业变成了单纯的经济单位，不再对工人负有全面的照顾责任。工人与企业建立了契约关系，双方利益出现分化。企业以严格的规章制度管控工人，市场竞争的话语取代了以往的政治动员。由于企业改制使工人在企业中的身份发生变化，轰轰烈烈的下岗使工人进一步产生了对工作岗位的危机感，为了保住自己的工作岗位，工人更加重视企业行政的作用。

同时，企业改制以后，在减员增效的思路之下，工会工作人员被大幅削减，工会干部大多身兼多职，平时不但要从事工会工作，也要开展其他方面的工作，为了应对企业行政派来的工作和工会上级系统的要求，企业工会干部不得不先保证工作的数量，影响了工作质量。在有的企业中，工会所可能具有的制衡力量成为了企业逐利的羁绊，行政不再把工会视为工作的助手，而是视为潜在的威胁和麻烦制造者，对企业工会缺乏支持。由于企业工会的人员、资源、地位需要企业行政的支持，因此有的国企工会不得不依附于企业行政开展工作。在受访的部分企业中，有的企业基于国企的传统和公有的性质设立工会，但企业行政只会给予企业工会有限的支持，把工会的运作限制在不影响行政工作的范围内。有的工会干部为了自身利益，也自觉地与行政保持一致，小心翼翼地开展工会工作，不触及行政的威望和利益。随着市场经济体制的发展，中国存在着庞大的劳动力市场，就业竞争激烈，经历过下岗事件的工人珍惜国企相对稳定的工作岗位，更不敢与行政对抗，除非被逼到绝境，才可能奋起维权，工人成为了原子化的个体，难以与企业行政抗衡。

## 三、企业、工会、工人承认关系的变化

承认与自主性相关，承认发生在平等的主体之间。在计划经济时期，国家依靠工人走工业化道路，重视工人的阶级地位，建立企业的民主管理制度，弱化行政的权威。通过吸收工人进入企业管理层，提供工人参与管理的渠道，为工人提供了全面的福利。在这一阶段，工人具有主体性，他们受到了国家

的尊重和承认，因而有作为工人的自豪感，也发自内心地拥护党和国家。工人“爱厂如家”，积极劳动，毫无怨言地为工厂奉献自己。工会尊重工人的劳动，承认工人的主人翁地位，积极主动地为工人提供服务，减轻他们的生活困难；工人承认工会为“职工之家”，与工会干部有情感联系，认为工会工作发挥了作用。企业行政较支持工会的工作，工会与企业行政相互配合完成国家的任务，工会干部也认为自己在企业中发挥了不可取代的作用。所以，在计划经济时期，企业、工会、工人之间是一种实质承认的关系。

中国的市场经济体制改革凸显了资本的重要性，劳动日益贬值，工人的终身就业制度被打破，国家赋予了企业诸多权力，企业行政具有高度的自主性，工人则进入了劳动力市场，失去了自主性。企业与工人之间建立了契约关系，工人成为了企业的雇员，为企业提供劳动、换取工资收入。在企业的收入分配中，工人很难提要求，他们的工资大多由企业行政决定。由于企业的福利职能外移，国家建立的具有自由主义特征的福利体系使得工人的生活风险加大，突发灾难、意外伤害都可能使他们陷入贫穷。由于工人在企业中地位的转变，其作为工人的自尊感、自豪感逐渐丧失，对他们来说，企业不过是其辛苦谋生的场所。由于企业改制后工会人事安排、人员工资、活动经费都需要企业行政提供支持，这导致企业工会能够发挥作用的空间减小。有的企业工会为了减少企业行政的担心，以及避免麻烦，甚至有意识地不与工人太亲近，也不主动介入工人的生活。

本文认为企业工会从弱自主性到依附的变化反映了工人是否得到了国家实质的承认。我国的改革方向是建立和完善社会主义的市场经济体制，工人在最初无奈地承担了改革的成本，但在改革深入进行时，不能一再让工人继续忍受着改革的痛苦，否则，这对于他们是一种深深的伤害，对于社会来说也是一种不正义，社会的团结将很难达成。企业工会依靠企业行政支持开展工作，短时期看来似乎风平浪静，但从长期来看，这并不利于企业真正地和谐和有序运行。要进一步夯实工会基础，确实维护职工合法权益，促进劳动关系的和谐稳定。

# 第二节　讨　论

## 一、与相关研究的对话

1949年新中国成立后，实行了与西方截然不同的政治体系，由国家来主导的工业化也与西方的发展完全不同。如何认识中国社会？社会稳定如何实现？华尔德认为已有的极权主义理论、集团利益理论这两种解释模式都不适合中国，在对中国国营工厂深入研究的基础上，华尔德提出了新传统主义的概念。首先，这一理论更多地将重点放在党对于服从所给予的正面鼓励上；其次，共产党意识形态导向产生了一套高度制度化的上下互惠关系网；再次，在共产党社会产生了一种丰富的实用性私人关系的亚文化。华尔德开启了中国单位制的研究，他认为共产党社会的劳工关系与其他社会结构有着结构上的根本差别。在单位中，工人在经济上、政治上、个人关系上依附于企业和工厂党政领导，党通过以上提到的方式对单位进行控制。①

张静对于单位的认识不同于华尔德，她认为单位具有双重性：一方面，它是控制性的国家行政（设在基层的）组织；另一方面，它又是具有利益组织化及传输作用的（准）政治组织。单位的这种双重性质，是基层社会稳定的结构性基础。张静认为她与华尔德的主要分歧在于华尔德把单位的角色看作是国家的控制力量，而她认为单位不仅仅代表国家，还有社会利益的组织化传输一面，因此它在社会结构中处于重要的中介地位，作用于传输，调节和利益冲突的组织化。可以想见，如果缺少这样的中介，整个国家体制处理城市社会冲突的能力将大大下降。②

---

① 华尔德著：《共产党社会的新传统主义——中国工业中的工作环境和权力结构》，龚小夏译，牛津大学出版社，1996年。

② 张静：《利益组织化单位——企业职代会案例研究》，中国社会科学出版社，2001年，第25—26页。

张静采取了不同于极权主义或身份阶级的立场，从“法团主义”的角度提出问题：在国有企业中，工人的利益需求透过什么机制组织、集中、表达和实现？亦即，分散的社会利益通过什么结构组合并进入决策影响范围？企业职工代表大会是一个集中体现上述制度特征的案例，它不是一个纯粹的利益表达场合，也不是一个完全被动的动员召集会。职代会走上了一条主要是关心利益分配的道路，试图以各种努力影响单位的福利决策。它没有被完全排除于利益纠葛与协商之外，相反，存在于工厂各部门的大量利益要求也利用了职代会的表达机会。①

张静在开展案例职代会的研究时，中国的单位福利体系没有解体，劳动关系也没有出现根本的变化，工人大规模的下岗尚在高层的酝酿中，几年后才成为现实，企业的经济导向性也没那么强，所以那时职工的福利需求、利益诉求有言说和讨论的渠道，企业行政虽觉得有负担，但不会强加干涉，工会可以通过自身影响力促进企业和工人的协调一致。职代会的作用无形之中使得单位成为了社会结构中重要的中介组织，减少了社会冲突，达成了基层的稳定。随着改革的深化和企业陆续改革，单位不再具有对职工保障的福利责任，国家也只承担有限的部分，工人与单位之间是契约关系，不再是利益共同体。管理者与原子化的工人力量对比悬殊，在访谈中笔者发现，有的企业职代会发挥的作用减小，工会在代表工人平等地与企业管理者谈判工资和福利时受到了来自于企业行政的压力。工人的福利需求和利益诉求缺少言说的渠道，他们只好默默地劳作。国有企业的职工尚且如此，根据笔者各方面了解到的信息，一些非公企业的工人收入更低、劳动强度更大、更缺乏保障，社会地位更为低下。企业作为促进中国社会稳定中介机制的作用已逐渐减弱，而新的稳定机制又如何实现？

具海根（Hagen Koo）受汤普森（Edward Palmer Thompson）《英国工人阶级的形成》的启示，对韩国的工人阶级进行了研究。他叙述了韩国从出口导

① 张静：《利益组织化单位——企业职代会案例研究》，中国社会科学出版社，2001 年，第 22、26、130 页。

向型工业化开始到20世纪90年代末韩国劳工运动的发展情况，并用比较的观点分析了韩国工人阶级的形成过程。具海根认为文化和政治在韩国工人阶级形成过程中发挥了至关重要的作用。他在绪论中写道：韩国劳工战斗性和工人高度政治意识的最终根源是工厂中极度滥施权威和专制霸道的工作关系。①

2010年5月17日，本田在广东佛山零部件厂的工人由于不满薪资待遇而持续停工，造成本田在中国所有四家组装工厂被迫全部暂停生产，直至6月4日此事才宣告结束。自南海本田停工事件之后，在广东、珠海等地出现一系列的工潮。非公企业的停工近些年已发生多起，但值得注意的一个现象是国企也开始出现停工事件。2010年7月5日、7月7日，陕西省咸阳市两家国有纺织工厂发生停工，工人要求加薪，最终企业管理层允诺将职工人均工资上调约140元。②

随着市场经济不断发展，我国劳动关系呈现出越来越多的新变化，切实维护职工合法权益既是新时期党对于工会工作的重要要求，也是工会发挥自身作用，促进和谐劳动关系的重要举措。各级工会要转变工作思路，增强工作自主性，代表好、维护好职工合法权益。

## 二、工会对职工福利的影响

在西方国家，工会是促使福利国家出现的重要力量。英国工会的一个初始功能是为其成员提供福利好处。③ Marco H. D. Van Leeuwen 对1910—1960年荷兰工会的研究以“工人为什么会加入工会”进行提问，认为只是用推进集体利益的动机来解释工人为什么会加入工会并不足以服人，认为工会所能提

---

① 具海根著：《韩国工人——阶级形成的文化与政治》，梁光严、张静译，社会科学文献出版社，2004年，第20页。

② 来源新浪财经，题为《陕西纺织工人罢工：为了加薪140元》，网址：http：//finance. sina. com. cn/roll/20100713/09228282646. shtml，最后查阅日期：2014年6月20日。

③ 诺曼·巴里著：《福利》，储建国译，吉林人民出版社，2005年，146页。

供的福利可作为工人加入工会的选择性动机之一，尤其是在福利国家崛起之前，更是如此。[①]

20世纪70年代，资本主义国家经济危机，福利国家发生了很多变化。组合主义与社会契约（social contract）被讨论，并在一些国家被实施。Ian Gough引用帕尼克（L. Panitch）的组合主义的定义，称之为“三边论（tripartism）”。三边即指商业、工会领袖与国家。组合主义建立起福利国家的基石，在20世纪50年代，资本主义国家进入对自由放任政策进行部分修订的阶段，组合主义又成为某些先进资本主义国家的政策策略，并再一度与福利国家新而强力的成长相符应。Gough在论述中写道，在实行组合主义策略的国家中，所得政策需要工会领袖的直接合作，以及他们愿意将协议贯彻到他们的每一个会员身上。“社会工资”的改善被当作是谈判的筹码，社会契约被签订。劳工自动限制薪资，国家回报以更多的社会政策，诸如家庭津贴、食物补助、健康保险、就业安全等。奥地利、比利时、丹麦、芬兰、荷兰、挪威与瑞典均已实施社会契约，全都涉及劳工工会与国家的广泛协议，其一方面采取了一连串的措施来控制工资；另一方面则将之和社会、工业与经济政策结合在一起。Gough认为社会契约可暂时解决福利国家的矛盾，但从长远来看，先进资本主义国家的组合主义安排具有明显的不稳定性与无效性。

休伯、斯蒂芬斯受埃斯平·安德森和科尔伯的启发，尝试将福利制度研究和生产制度研究系统地联系起来。在对紧缩时代的福利和生产制度进行研究时，他们认为欧洲大陆国家社会保障改革的经验显示，工会的同意对于重大改革工作顺利进行至关重要。这种同意在很大程度上是由三方参与的法团主义谈判促成的，这种谈判可以说服工会，改革是不可避免的，而且可以为工会提供某种补偿措施。这些谈判是包容性的，广泛代表了工会和雇主组织的利益。[②]

---

① Marco H. D. Van Leeuwen. Trade Unions and the Provision of Welfare in the Netherlands , 1910 - 1960. *Economic History Review*, New Series, Vol. 50, No. 4 (Nov, 1997), p764 - 791.

② 保罗·皮尔逊编：《福利制度的新政治学》，汪淳波、苗正译，商务印书馆，2005年，第206页。

马诺认为瞄准劳动力市场上层的福利计划经常为工会提供重要的组织上的支持。工会在重大预算问题上可以有一定的地位并且有发言权。养老金基金一直被用来为工人的住房通融资金，这样反过来又为工会提供了选择性诱因，吸引工人参加工会组织。或者，福利基金还可以被用来为企业融资，为企业提供低息信贷和“患者资金”，这样就可以允许企业进行长期战略投资并且减轻企业立刻实现利润最大化的压力。有关社会保险方面的法律咨询服务通常被认为是工会提供给会员的另一种重要的选择性诱因。从历史上来看，这既增强了工会的力量也增强了组织的力量。从结果上看，工会既可以通过政治干预，也可以通过罢工威胁和充分利用他们在集体谈判中的有利地位使劳动合同具有约束力。雇主不仅必须把工会考虑在内，还得做好工会长期存在的心理准备，这样反过来又迫使雇主和雇员双方都必须从长计议。①

美国的工会是一套多体系的组织，地方工会是美国工会制度的核心。地方工会在集体谈判中扮演着重要角色，很多合同是由一个地方的工会和管理层签订的，或者是由一些地方工会的合并体与多个来自管理层的代表一同签订的。② 弗里曼在研究美国工会发挥的作用时发现，1951 年，美国蓝领工人报酬的 17% 是由福利构成的，它是雇主在工资之外支付给工人的酬金。到 1981 年，它的比例达到 30%。在一些大公司，有超过 50% 的劳动力成本是福利。③ 工会如何影响福利的规定及其具体费用的呢？弗里曼通过对企业调查数据和个体调查数据的考察后发现，在福利规定和开支上，工会具有相当大的正面作用，而且同样可归因于工会的福利开支增长率要超过工资增长率。两类数据也显示出工会在养老金，休假薪金，人寿、工伤和健康保险上尤为明确的影响。④

---

① 保罗·皮尔逊编：《福利制度的新政治学》，汪淳波、苗正译，商务印书馆，2005 年，第 228—229 页。

② 理查德·B·弗里曼/詹姆斯·L. 梅多夫著：《工会是做什么的——美国的经验》，陈耀波译，北京大学出版社，2011 年，第 27 页。

③ 同②，第 53 页。

④ 同②，第 54 页。

弗里曼通过分析和研究得出结论：工会是福利费用的重大决定因素，工会对福利的影响度在百分比上要大大高出工会对工资的影响度。在工会背景下带来的福利类型，其似乎是与工会体制的代言人一致的。①

在西方学者的研究中，工会代表工人进行工资谈判固然重要，但工会同样应该关心工人的福利。工会是促进福利国家出现的一个重要因素，在国家的福利体系建立以后，工会提供的福利也占有重要的位置，而且工会的存在和组织能力促进了工人的生活水平的提升和职工福利制度的完善。

在中国，还鲜有学者研究工会在国家福利体系中的作用。纵观改革前后国企工会的福利职能变迁，我们可以看到其在不断弱化，逐渐走向边缘。这样的弱化趋势有其必然性，但过于弱化，则潜伏着问题。国家福利体系建立与完善的过程中，工会的福利职能必然会弱化。在劳资冲突的现实前，工会的维权职能被一再强调，再提倡福利职能似乎偏离了正轨。在笔者看来，权利具有丰富的内涵，福利权即是其中的一种。工会为职工提供和发送的福利，不能仅被视为控制职工的方式或琐碎的事情，实际上，它也有利于维护职工的利益，以及增强自身的吸引力。计划经济时期，尤其是在二十世纪五六十年代，全总在国家的福利体系中拥有掌控的力量，企业工会是职工福利的代表者；市场经济改革以后，全总在国家的福利体系中不再具有主导地位，而是开始进行源头参与。在政策决策上，全总参与制定了许多社会政策，职工利益也被考虑，但因为企业工会的力量孱弱，与职工有关的福利政策很难执行。企业的运行遵循市场化的逻辑，利润是主要追逐的目标，职工的福利则容易被忽视。工会与企业管理者保持一致，或主动或被动地降低工人的福利需求，淡化自身作为职工福利代表者的角色。在访谈中，某工会主席还说现在工会做不了提高性福利，最多建议行政发给职工点饭补，但这些都是由行政领导决定的，好事不能说都是工会做的，在工会工作总结中也不会写这些。单位制下的工会在保障和提高职工福利上发挥了大的作用，工会的福利职能

---

① 理查德·B·弗里曼、詹姆斯·L. 梅多夫著：《工会是做什么的——美国的经验》，陈耀波译，北京大学出版社，2011年，第65页。

也一直是职工感受最深刻的。但在当前，职工依然有强烈的福利需求，但市场和现有福利制度无法解决职工的全福利需求，工会一贯的传统以及其作为工人阶级利益代言人角色要求工会行使福利职能。

## 三、工会引入社会工作，构建服务型工会

社会工作是福利制度中的一环，它是福利制度的服务传递者，也是使福利制度具体化的一个过程。在中国，推动社会工作发展的主要力量是政府，2006 年十六届六中全会明确提出，“要建设宏大的社会工作人才队伍”。此后，社会工作在我国得到了快速发展。党中央在工会十五大上向全国工会提出要求，要求要着眼把工会建设成为学习型、服务型、创新型的工人阶级群众组织。服务型工会是对工会本质属性和工会工作内容方面的要求，是“三型”工会的核心。在中国，工会是职工利益的唯一合法代表，为职工服务是工会的本质属性所在，工会如要获得职工的认可和社会的承认，必须要切实转变职能。服务也是维权的表现，“以职工为本”是维权观的核心理念，是工会的安身立命之本。[①] 工会如何提高为职工的服务水平，提高工会对会员的吸引力，除了在制度上要赋予工会更多的资源和手段之外，专业社会工作的引入亦是一个可行的途径。

### （一）工会具有与社会工作结合的基础

虽然社会工作成熟、发达于西方国家，中国的工会亦具有自身的特色，但中国工会与社会工作的结合具有一定的基础。两者在本质上有很大程度的契合性，它们的结合得到了制度的支持，在实践上，工会具有服务职工的传统经验，并且现实的需求呼唤工会工作方式的转变。

**1. 双方在本质上的契合性**

工会是职工自愿结合的工人阶级的群众组织。工会具有群众性的性质，

① 赵健杰：《工会维权观：内在结构及其辩证关系研究》，《中国劳动关系学院学报》2008 年第 2 期。

它代表广大会员和职工群众的正当利益，维护他们的合法权益。在社会主义市场经济条件下，工会作为职工一方的合法代表，参与劳动关系的协调，追求公平、公正的社会环境的实现。工会的基础在职工群众，职工群众既包括普通的职工，也包括下岗失业职工、生活困难职工、农民工等弱势群体。唯有服务职工，为他们谋利益，工会才能真正得到职工的认可，才符合工会的本质属性。

社会工作的本质是助人，重视人的价值，相信人的潜能，关注人的权利，在利他主义价值观的指引下，用专业化的方法帮助个体、家庭、群体、组织、社区、社会等。人在社会工作中具有重要的地位，社会工作对遇到困难的人提供物质帮助或给予心理支持。"助人自助"是社会工作秉持的基本价值理念，对陷入困境当中的人不仅要帮助解决困难，还要促进他们的能力发展以及维护弱势群体的合法权益。

所以，二者在本质上都是关心人以及人的发展，不过工会更为关心的是特定的群体即职工群体。

**2. 制度的支持**

我国推动社会工作发展的主要力量是政府，党的十六届六中全会的《决定》提出要建立一支宏大的社会工作人才队伍。此后，2011 年 11 月 8 日中央组织部、中央政法委、民政部等 18 部委联合发布了《关于加强社会工作专业人才队伍建设的意见》。文件指出建设社会工作人才队伍，在多个领域直接提供社会服务。职工帮扶、就业援助等被明确提到。文件还指出：要加大相关行政部门和群团组织使用社会工作专业人才力度。承担社会服务职能的相关行政部门和群团组织要根据事业发展需要逐步使用社会工作专业人才，提高社会服务管理能力。

2010 年 6 月 6 日，国务院印发《国家中长期人才发展规划纲要（2010－2020 年)》，专门提到建立社会工作人才队伍，2012 年 4 月，中共中央组织部、民政部、全国总工会等 19 个部门联合发布了《社会工作专业人才队伍建设中长期规划（2011—2020 年)》，该规划提出"培养开发职工服务等领域的社会工作服务人才"，以及"重点加大职工帮扶等社会服务机构管理人才培养力度，提高社会工作服务管理的科学化水平”。

国家制度为社会工作进入工会工作领域提供了支持，为各级工会组织的发展指出了方向，鼓励工会对社会工作专业人才的使用，以提高服务能力，但在社会工作的岗位设置、配备比例、工作任务等方面还没有细致的、操作化的规定。

**3. 工会具有服务职工的传统与经验**

如前文所述，我国为职工群体提供福利及服务的工作，主要由工会承担，中国工会兼有管理和服务职能，其服务职能偏向社会工作的意涵。计划经济体制时期，在城市实行的是单位制，那些本应该由企业社工承担的企业福利与保障工作，一直主要由工会承担。[①] 传统的企业工会工作中与福利和服务相关的工作被视为中国行政性、半专业化的社会工作。新中国成立至今，基层国企工会积累了大量地做福利服务的经验。抓职工的生活是企业工会的重要工作。在职工生活领域，工会既依照单位福利制度的规定提供物质上、经济上的帮助，如职工困难帮扶、丧葬补贴等，也依照工会的宗旨为职工提供服务，比如家庭矛盾调解、为职工操办家庭大事等。

改革开放以后，企业管理方式发生变化，由党委领导下经理（厂长）负责制变为厂长（经理）负责制。企业强调经济效益，推崇高效率、对生产进行严格的质量控制。在企业管理中更看重经济的一面，在很大程度上忽略了职工的社会性。工会的职能和工作内容也在转换。

比起组织中的其他部门，工会与职工的联系更为紧密。工会干部在与职工个体、群体打交道上，如何开展工作上积累了不少经验。比如工会干部提到 在日常生活小事上，对职工表达关心，尊重职工，与职工建立良好的关系。工会服务职工的工作一般还包括职工困难帮扶、女职工权益维护、职工休闲娱乐、劳动争议调解、工资集体协商、“送温暖”、“送清凉” 等。

**4. 工会工作的专业化是现实需求**

随着经济体制的转变，国企进行了更深入的改革、非公经济组织大量涌

---

① 孟祥斐、徐延辉：《我国企业社会工作的介入空间与路径研究》，《天府新论》2011 年第 5 期。

现、劳动关系更趋复杂化多元化、职工构成成分越来越复杂，企业职工的需求更为多种多样。目前既有国企改革遗留的职工问题，又有新型劳动关系下的职工新问题。数量庞大的外来务工人员，尤其是新一代外来务工人员，呈现出与以往完全不同的特点。经济已经不是他们考虑的最重要因素，他们更强调自我的实现、维权意识更强、流动性更强、有强烈的融入城市的愿望，不能长久忍受枯燥的劳动，追求生活的丰富多彩。

工会工作者还是主要依靠行政架构开展工作，偏重管理，许多工会工作者没有经过系统、专业培训，主要凭借自身的人格魅力和自己摸索出来的工作经验来做事情。这些不足以回应现实的需求。在笔者的调研中，工会干部们认为以往的工作方法适用范围有限，对于年轻的职工、外来务工人员缺乏了解，很难对他们开展工作。转型带来的新问题也常常让他们觉得很无力。

社会工作是一个特别注重满足服务对象的需求的专业。它有自己的价值理念、理论基础和专业的方法与技巧。当前企业工会工作面临着挑战，社会工作在理念、方法、技巧等方面都可为其提供借鉴。比如在解决劳动争议上，社会工作大有用武之地。劳动争议是企业劳动关系不协调的一种表现。企业劳动用工不规范、劳动保护不到位、工资、工时、工伤问题没有得到合理的解决，都有可能导致劳动争议的出现。这其中有些是宏观环境因素所致，有些却是企业管理方侵犯职工利益所致，也有些是因为企业沟通渠道不畅通、措施不得力所造成的。社会工作在劳资协调上具有自身优势。社会工作者很强调关系的建立，注重服务对象的想法和感受，为服务对象设身处地地考虑问题。社会工作者运用同理心与服务对象沟通，会有效地拉近双方距离，建立彼此的信任关系。社会工作者通过深入的交谈和科学的调查，能够及时了解问题的关键，帮助劳资双方进行理性的沟通，把矛盾消灭在萌芽状态。

在日常工作中，社会工作者深入基层，以诚恳的态度与职工沟通，聆听职工的心声，掌握职工的想法和心态，准确判断职工的需求，协助企业管理方制定合理的规章制度，避免因不合理的规定可能引起的纠纷和怨气。另外，社会工作者可以通过多种形式，向职工宣传、解释国家的劳动政策，帮助职工了解本企业的制度，及时解决职工的疑惑，减少不必要的争议。

企业工会引入社会工作可以促进工会工作的专业化，提升工会对职工的服务水平，推动职工对企业的参与。

## （二）工会与社会工作相结合的探索

社会工作进入工会领域还没有形成规模，在深圳、上海、苏州、广州、北京等地有一些探索和实践，方兴未艾。

社会工作是新专业，其进入企业或劳动领域的路径，主要由政府推动，政府购买社工服务，把社工放到试点企业中，推动企业接受。另外一个路径是企业管理者认识到社工的价值，主动与社工机构合作，购买社工服务。

2010 年上半年，富士康坠楼事件曾一度引起海内外关注。深圳市民政局先后抽派全市 425 名一线社工和社工督导，进驻富士康集团。这些社工及时缓解了跳楼危机，成为富士康员工心灵成长的陪伴师。深圳社工介入“富士康员工关爱”行动成为 2010 年中国社工十大年度事件。[①] 在去年的实地调研中，富士康总部工会主席向笔者等介绍，富士康深圳总部工会聘请社工为员工做心理咨询，其下属某产业群有 5—6 名社工做工会工作。

深圳艾美特公司工会引入社工是先由政府推动，再到企业自主购买。2008 年 3 月至 2012 年 4 月，政府购买社工服务，由深圳市总工会派驻一名社工进入艾美特工会。2012 年 5 月起，企业采取自主购买模式，由艾美特自费、自行向社工机构签订购买合同，企业出资一半（3.75 万/年），政府补贴一半。在艾美特，社工的服务涉及：新员工入职培训，情绪管理与减压教育、员工情绪与心理辅导、暑期留守儿童关爱服务、青工交友服务、母亲节、圣诞节等节庆活动，劳动争议调解，员工兴趣课堂等。

深圳冠旭电子公司，作为率先引入社会工作的企业，实践了“工会 + 社工”的新模式，工会提供资源与支持，把以往工会所做的员工活动、文体生活都给社工做。社工在员工情绪支持和员工申诉与调解等方面起到了很大作

---

① 来源于南方报网，题为：《“富士康员工关爱”见证社工力量》，网址：http：//epaper. nfdaily. cn/html/2011 - 12/07/content_ 7034471. htm，最后查阅日期 2014 年 6 月 20 日。

用。工会与社工有分工有合作，联合为外来务工人员开展种种服务。

北京市总工会走了一条直接录用专职工会社会工作者的路径。其于2013年3月面向社会公开招录一批专职工会社会工作者，专职工会社会工作者是社会工作者的重要组成部分，其待遇参照各区县社区工作者待遇标准执行。全市现共有1000多名专职工会社会工作者，这些人员主要在街道服务站和区县社工服务中心任职。在北京，还有社工专业机构联合商务楼宇“五站合一”工作站为楼宇职工提供服务。

### （三）发展中要注意的问题

前文已述，工会具有与社会工作结合的基础，但在实践中有些问题需要引起注意。专业意义上的社会工作起源于西方，但社会工作受一个国家或地区文化和制度的影响，虽然转型中的中国对社会工作有极大的需求，我们并不能直接借用西方的模式，社会工作在中国的发展面临着本土化的问题，当工会引入社会工作时也是如此。

一是社会工作与工会的边界的问题。工会既具有政治属性，又具有社会属性。它既要满足职工需求，又要服从党和上级工会的领导。客观上，工会一直具有政治合法性，存在已久，有自己固定的工作范围和工作思路。社会工作的介入给原有的工会系统带来了冲击，输进了新鲜血液，展示了专业的工作方法。但它的进入一个现实的问题是哪些是社会工作能干的，哪些是社会工作不能干的，它与工会的角色有何联系与区分。台湾的谢鸿钧认为社会工作在企业可以介入的领域有外籍劳工的管理、劳动争议的处理、关厂歇业的安置、工会活动的辅导、劳动技术的提升、人性管理的发展、工业民主的促进。如此看来，社会工作可以发挥自己专业特长的领域有很多，但目前基于政治上和企业利益的考虑，企业工会在很多领域不让社工进入，对社工持警惕和观察的态度。这中间有很多影响因素，其中之一也与组织的架构有关，郑广怀等认为，目前在国内，企业很少设有专门的社工部门，社工大都从属于行政部、人力资源部或配合工会参与员工管理和福利方面的事务 。由于没有明确的部门和职能定位，社工的身份在企业内部就比较尴尬。[1] 在开展与劳动者相关的工作中，社会工作需要得到工会的支持，既要把自己的专业工作融入到工会工作的实践中，又要保持自己的专业特色，有一定的独立性，尤其不能被行政化。否则，社会工作的专业性与中立性将大打折扣。

二是工会系统不太了解社会工作。工会系统内对社工专业的了解并不多，甚至有的从未听说过社工。根据2006年全国31个省（区、市）总工会的调查统计，全国基层以上工会共有专职干部99674人。从专业构成上看，所学专业按人数多少排列，排在前10位的依次为：经济管理专业、政治理论专业、文史专业、法律专业、理工专业、财会专业、工会学、计算机专业、外语专业、劳动保护专业。时隔八年，这个专业构成会有些变化，工会系统也在引入、培养具有社会工作专业背景的工会干部，但这个改变并不大。2012年笔者在社工发展状况较好的某市调研时，当地不少的市总工会干部、基层工会干部对这个专业感觉还是很陌生。他们不清楚社会工作可以做哪些与职工、与企业有关的工作，普遍认为社会工作主要在做社区工作与民政工作。工会干部们还会误解社会工作或将之认识窄化，把社工等同于心理辅导、心理咨询。

三是社会工作专业自身有待提升的问题。社工是实务性很强的专业，而我国的社工教育存在重理论轻实践的特点，社会工作专业教师的专业素质有待提升。社会工作者以年轻人为主，有理想有热情，但普遍来说，社会经验不足，专业能力并不强，资源整合的能力较弱。在企业工作的社工通常都是从头开始学习劳动关系、企业管理、工会工作方面的知识，学校和社工机构应该加强这些教育与培训。客观情况还有社工薪酬待遇低，缺乏职业上升空间，极缺专业的督导，社会认可度低，社工开展工作困难。实际工作中，上万人的企业只有一两名社工，工作负担重，心理压力大，常超时工作，很难发挥应有的效用。

---

① 郑广怀、刘焱：《“扩展的临床视角”下企业社会工作的干预策略——以广东D厂的新员工为目标群体》，《社会学研究》2011年第6期。

工会作为中国最大的群众组织，服务职能是它重要的一方面，在新时期工会如何提高为职工的服务水平，提高工会对会员的吸引力，社会工作的引入是一个可能的途径。二者的结合有制度的支持，中国工会以往具有的福利传统和完备的组织架构也为此提供了基础。社会工作与企业工会的有机结合，可以使得工会的服务职能更具体化和可操作化。也会使得工会工作更细致、深入、富有人性化。社会工作者针对不同的服务对象进行评估、界定个人和群体的需要、从需要出发去策划相应的行动、动员和联结相关的社会资源，有科学的评估体系。社会工作者与职工平等交往，让员工感受到关爱，感受到尊重。把社会工作引入企业工会，强化了工会的服务理念而不是管理。企业职工在此过程中将增加对工会的认同度，工会的吸引力和凝聚力将更强。

工会引入社会工作方兴未艾，虽有一些实务上的探索与经验，但还没有成系统。在发展中也有一些状况需要注意，如工会与社会工作的边界问题、工会系统不了解社会工作、社会工作自身有待提升的问题。我国对企业社会工作的研究较晚，直到2005年，周沛才率先向中国内地介绍企业社会工作。在其论文中，他介绍了企业社会工作的服务体系与功能，讨论企业社会工作在内地开展的必要性与介入手法，建议企业社会工作的介入途径为：空间范围上以企业为基础、组织形式上以工会为依托；资源上以NGO、NPO为辅助；服务上以职工为本。[①] 近几年来，有研究者已经开始论证工会在发展企业社会工作中的作用和优势。但这些研究都停留在理论的论述上，理论与实务需要更紧密地结合。理论界与实务界的脱节与隔离不利于社会工作专业的发展。理论界与实务界应该有更紧密的合作，推动社会工作与工会的有机结合，这既是社会工作发展的契机也是工会发展的需要。

---

① 周沛：《一项急需而有价值的社会工作介入手法——论企业社会工作》，《社会科学研究》2005年第4期。

## 第三节 本研究的创新与不足

### 一、本研究的创新

首先，新的分析角度。以往研究偏重于从政治角度分析工会，本研究从参与，特别是从职工福利的角度展开分析。职工福利是以往工会研究容易忽视的内容，但工人关注实际的利益，可以从工人关心的最微小的福利角度来看工人与工会的关系。采用福利角度进行研究，为工会研究提供了新的分析视角，也为工会研究提供了新的资料。

其次，运用社会政治哲学中的承认理论，审视变化着的工会的地位，发现企业工会在我国经济体制转变中的发展变化。在计划经济时期，由于政府需要承认工人阶级的主人翁地位，依靠工会发动工人进行生产，企业工会在企业中具有较强参与性，可以与企业行政协商企业管理和职工权益维护；在市场经济时期，由于企业的工作重心是发展经济，福利职能外移，职工福利不再是企业管理者首先考虑的问题，同时，由于企业工会在人事安排、人员工资、活动经费上都需要企业行政的支持，企业工会开展活动越来越受到来自企业行政的影响。

再次，提出将社会工作引入工会工作。工会的政治性是重要的，但是也要注重对工人的实际服务，社会工作理念和方法的引入是新时期工会工作的一种可行选择。

### 二、研究的不足

也许任何研究都不会完美，回顾笔者的调研和书写历程，自己更是觉得有诸多不足。首先，访谈对象主要是工会干部，普通职工访谈的很少，而企业管理者则一个都没有访到。因为个人资源和精力有限，再加之对所研究问题的理解是在书写的过程中一步步加深的，但此时已没有时间再去做访谈，其实上也很难找到研究对象，尤其是企业管理者，期待以后可以补上。由于这方面的缺憾，笔者在分析三者关系时就会不可避免地带有局限性和片面性。

其次，没有找到一个完整的个案进行研究。在笔者的设想中，很想找到一个从新中国成立后至今的国企作为个案来进行深入的研究，访问历史上的工会干部、职工、管理者和经历改革开放后每一阶段的工会干部、职工、管理者。通过辅助文献法，期望能看到从新中国成立至今的该企业的档案资料。但笔者所能找到愿意接受访问的工会干部只能代表工会发展的某一阶段的特点，且不在同一企业。退休的工会干部接受访谈可以，但他们无法推荐笔者进入企业。即便最后笔者能进入一家历史悠久的企业，但也难以接触到普通工人，甚至20世纪90年代的工会干部也接触不了。出于种种原因，现任工会干部不愿意引荐以前的工会工作人员。该企业的档案室也是笔者几经周折才得以进入的，且档案资料只有1980年之后至今的。此前的研究资料无法找到。基于以上原因，笔者放弃了做一个完整的个案研究的设计，但笔者发现，虽然笔者访问的工会干部分属不同企业，所属行业也有差异，个性特点差异也大，但对工会工作的认识，同时代的工会干部具有高度的一致性。或许，这可以在某种程度上对不能进行完整的个案研究有所弥补。

再次，研究时段划分比较粗略。本文是一个纵贯性的研究，从1949年至今，时段很长。笔者的研究只是划分了两个大的时段，其实每个历史时段下，还有若干个区间和不同的特点，但笔者的研究目前还没有进行到那么细致。再加之笔者个人年龄和阅历的限制，对历史的判断只有靠访问亲历者和阅读文献资料及影像资料等途径获得，难免带有个人主观性。

# 参考文献

## 专著类：


彼得·埃文斯、迪特里希·鲁施迈耶、西达·斯考克波著：《找回国家》，方力维等译，生活·读书·新知三联书店，2009 年。

凯文·奥尔森编：《伤害 + 侮辱——争论中的再分配、承认和代表权》，高静宇译，上海：上海人民出版社，2009 年。

诺曼·巴里著：《福利》，储建国译，吉林人民出版社，2005 年。

齐格蒙特·鲍曼著：《共同体》，欧阳景根译，江苏人民出版社，2003 年。

卡尔·波兰尼著：《大转型：我们时代的政治与经济起源》，钱钢、刘阳译，浙江人民出版社，2007 年。

麦克·布洛维著：《公共社会学》，沈原译，社会科学文献出版社，2007 年。

蔡昉著：《人口与劳动绿皮书：中国人口与劳动问题报告 No. 13》，北京：社会科学文献出版社，2012 年。

陈向明著：《质的研究方法与社会科学研究》，教育科学出版社，2006 年。

崔义等编：《职工民主管理大辞典》，经济管理出版社，1993 年。

邓正来著：《国家与社会——中国市民社会研究》，北京大学出版社，2008 年。

冯同庆著：《直话直说：面对市场经济大潮中国工会怎么办——与基层工会主席谈谈心》，经济管理出版社，1994 年。

冯同庆著：《中国工人的命运——改革以来工人的社会行动》，社会科学文献出版社，2002 年。

南茜·弗雷泽著：《正义的中断——对“后社会主义”状况的批判性反思》，于海青译，上海人民出版社，2009 年。

南茜·弗雷泽著：《正义的尺度——全球化世界中政治空间的再认识》，欧阳英译，上海人民出版社，2009 年。

南茜·弗雷泽、阿克塞尔·霍耐特著：《再分配，还是承认——一个政治哲学的对话》，周穗明译，上海人民出版社，2009 年。

理查德·B·弗里曼、詹姆斯·L. 梅多夫著：《工会是做什么的—美国的经验》，陈耀波译，北京大学出版社，2011 年。

Neil Gilbert，Paul Terrell 著：《社会福利政策导论》，黄晨熹、周烨、刘红译，华东理工大学出版社，2003 年。

Ian Gough 著：《福利国家的政治经济学》，古允文译，巨流图书公司，1995 年。

顾东辉编：《社会工作概论》，上海译文出版社，2005 年。

国家经济贸易委员会、中央中共文献研究室编：《十四大以来党和国家领导人论国有企业改革和发展》，中央文献出版社，1999 年。

国家统计局编：《新中国五十年（1949—1999）》，中国统计出版社，1999 年。

米切尔·黑尧著：《现代国家的政策过程》，赵成根译，中国青年出版社，2004 年。

胡鞍钢著：《中国政治经济史论（1949—1976）》，清华大学出版社，2007 年。

华尔德著：《共产党社会的新传统主义——中国工业中的工作环境和权力结构》，龚小夏译，牛津大学出版社，1996 年。

黄晨熹著：《社会福利》，格致出版社、上海人民出版社，2009 年。

黄黎若莲著:《中国社会主义的社会福利——民政福利工作研究》，中国社会科学出版社，1995 年。

阿克塞尔·霍耐特著:《为承认而斗争》，胡继华译，上海人民出版社，2005 年。

Richard Hyman 著:《比较工会运动》，许继峰、吴育仁译，韦伯文化国际出版有限公司，2004 年。

解放社编:《中国职工运动的当前任务》，新华书店，1949 年。

荆惠民主编:《思想政治工作概论》，中国人民大学出版社，2007 年。

具海根著:《韩国工人—阶级形成的文化与政治》，梁光严，张静译，社会科学文献出版社，2004 年。

李培林、张翼著:《国有企业社会成本分析》，社会科学文献出版社，2000 年。

李迎生编:《社会工作概论》，中国人民大学出版社，2006 年。

保罗·利科著:《承认的过程》，汪堂家、李之喆译，中国人民大学出版社，2011 年。

梁祖彬、颜可亲著:《权威与仁慈—中国的社会福利》，香港中文大学出版社，1996 年。

刘爱玉著:《选择：国企变革与工人生存行动》，社会科学文献出版社，2005 年。

刘元文编著，《职工民主管理理论与实践》，中国劳动社会保障出版社，2007 年。

罗丽莎著:《另类的现代性——改革开放时代中国性别化的渴望》，黄新译，江苏人民出版社，2006 年。

Matthew B. Miles A. Michael Huberman 著:《质性资料的分析：方法与实践》，张芬芬译，重庆大学出版社，2008 年。

埃里克·A·诺德林格著:《民主国家的自主性》，孙荣飞等译，江苏人民出版社，2010 年。

裴宜理著:《上海罢工——中国工人政治研究》，刘平译，江苏人民出版社，2001 年。

卡罗尔·佩特曼著：《参与和民主理论》，陈尧译，上海人民出版社，2006 年。

保罗·皮尔逊：《福利制度的新政治学》，苗正民等译，商务印书馆，2005 年。

詹姆斯·斯科特著：《农民的道义经济学：东南亚的反叛与生存》，程立显等译，译林出版社，2001 年。

苏景辉编：《工业社会工作》，桂冠图书股份有限公司，1989 年。

孙中范、冯同庆、常凯编，《新编工会学》，人民出版社，2001 年。

詹姆斯·R. 汤森、布莱特利·沃马克著：《中国政治》，顾速、董方译，江苏人民出版社，1994 年。

安东尼·唐斯著：《官僚制内幕》，郭小聪译，中国人民大学出版社，2006 年。

Richard M. Titmuss 著：《社会政策 10 讲》，江绍康译，商务印书馆（香港）有限公司，1991 年。

汪晖、陈燕谷著：《文化与公共性》，三联书店，2005 年。

王名、李勇、黄浩明著：《英国非营利组织》，社会科学文献出版社，2009 年。

王绍光著：《多元与统一——第三部门国际比较研究》，浙江人民出版社，1999 年。

王绍光、胡鞍钢著：《中国国家能力报告》，辽宁人民出版社，1993 年。

王思斌、唐鈞、梁宝霖、莫泰基编著：《中国社会福利》，中华书局（香港）有限公司，1998 年。

王思斌主编：《社会工作导论》，高等教育出版社，2011 年。

王永玺编：《中国工会史》，中共党史出版社，1992 年。

谢鸿钧编著：《工业社会工作实务：员工协助方案》，桂冠图书股份有限公司，1996 年。

严忠勤编：《当代中国的职工工资福利和社会保险》，中国社会科学出版社，1987 年。

杨晓民、周翼虎著：《中国单位制度》，中国经济出版社，2002 年。

冶金工业部劳动工资司编：《工资福利文件选编》（第二册），冶金工业出版社，2001 年。

于建嵘著：《抗争性政治：中国政治社会学基本问题》，人民出版社，2010 年。

俞可平著：《治理与善治》，社会科学文献出版社，2000 年。

袁进、丁云亮、王有富著：《身份建构与物质生活：20 世纪 50 年代上海工人的社会文化生活》，上海书店出版社，2008 年。

张静著：《利益组织化单位——企业职代会案例研究》，中国社会科学出版社，2001 年。

张文魁、袁东明著：《中国经济改革 30 年 · 国有企业卷》，重庆大学出版社，2008 年。

张喜亮编：《新中国工会四十年》，海洋出版社，1990 年。

张暎硕著：《当代中国劳动制度变化与工会功能的转变》，河北大学出版社，2004 年。

郑功成、郑宇硕编：《全球化下的劳工与社会保障》，中国劳动社会保障出版社，2002 年。

中共中央党史研究室编：《中国共产党历史第二卷（1949—1978）》，中共党史出版社，2011 年。

中共中央文献研究室编：《新时期经济体制改革重要文献选编（上、下）》，中央文献出版社，1998 年。

中国工运学院编：《李立三赖若愚论工会》，档案出版社，1987 年。

中华全国总工会编：《中国工会百科全书（下卷）》，经济管理出版社，1998 年。

中华全国总工会编：《工会保障工作概论》，中国工人出版社，2008 年。

中华全国总工会办公厅编：《中华全国总工会文件选编》，中国工人出版社，1982 年。

中华全国总工会办公厅编:《中华全国总工会文件选编》，中国工人出版社，1984 年。

中华全国总工会办公厅编:《中国工会重要文件选编》，中国工人出版社，1988 年。

中华全国总工会办公厅编:《建国以来中共中央关于工人运动文件选编(上册)》，中国工人出版社，1989 年。

中华全国总工会办公厅编:《建国以来中共中央关于工人运动文件选编》，中国工人出版社，1989 年。

中华全国总工会中国工人运动史研究室编:《中国工会历次代表大会文献》，中国工人出版社，1984 年。

中华全国总工会编:《中华全国总工会七十年》，中国工人出版社，1995 年。

中华全国总工会政策研究室编:《1997 年中国职工状况调查（数据卷)》，北京:西苑出版社，1999 年。

周建明编著:《社会政策:欧洲的启示与对中国的挑战》，上海社会科学出版社，2005 年。

周沛主编:《企业社会工作》，复旦大学出版社，2010 年。

周雪光著:《组织社会学十讲》，社会科学文献出版社，2003 年。

Marshall, T. H. Citizenship and Social Class In T. H. Marshall & Tom Bottomore (eds.), *Citizenship and Social Class*: Pluto Press, 1992.

Popple, R. P. &Leighninger, L. *Social Work*, *Social Welfare and American Society* (5th Ed.). Boston, MA. Allyn&Bacon, 2002.

U. S. Bureau of Labor Statistics, *Welfare Work for Employees in industrial establishments in the united states*, bulletin no. 250, Washington, D. C.: Government Printing Office, 1919.

## 论文类：

安建增：《社会自主性与NGO的生成——基于中国NGO的历史发展轨迹的分析》，《学会》2010年第7期。

安戈、陈佩华：《中国、组合主义及东亚模式》，《战略与管理》2001年第1期。

蔡禾：《论国有企业的权威问题——兼对安基·G·沃达的讨论》，《社会学研究》1996年第6期。

陈峰：《在国家和劳工之间：市场经济下中国工会的角色冲突》，《中国季刊》2003年12月。

陈佩华：《革命乎？组合主义乎？后毛泽东时期的工会和工人运动》，《当代中国研究》1994年第4期。

冯钢：《SA8000标准与中国企业工会的“困境”》，《浙江社会科学》2005年第1期。

冯钢：《企业工会的“制度性弱势”及其形成背景》，《社会》2006年第3期。

顾昕、王旭：《从国家主义到“法团主义”——中国市场转型过程中国家与专业团体关系的演变》，《社会学研究》2005年第2期。

顾昕、王旭、严洁：《公民社会与国家的协同发展——民间组织的自主性、民主性和代表性对其公共服务效能的影响》，《开放时代》2006年第5期。

姜凯文：《工会与党——国家的冲突——八十年代以来的中国工会改革》，《香港社会科学学报》1996年第8期。

康晓光、韩恒：《分类控制：当前中国国家与社会关系研究》，《社会学研究》2005年第6期。

李和佳：《承认的哲学：霍耐特承认理论评述》，《国外社会科学》2007年第5期。

李和佳：《承认和再分配：霍耐特与弗雷泽的正义之争》，《马克思主义与现实》2011 年第 3 期。

刘红霞、宋湛：《市场化劳动关系下的国企工会职能研究》，《西安外事学院学报》2006 年第 4 期。

刘剑：《国家自主性理论研究述评》，《国外社会科学》2010 年第 6 期。

路风：《单位：一种特殊的社会组织形式》，《中国社会科学》1989 年第 1 期。

路风：《关于改造国有企业的几点思考》，《世界经济》2001 年第 2 期。

路风：《国有企业转变的三个命题》，《中国社会科学》2000 年第 5 期。

孟祥斐、徐延辉：《我国企业社会工作的介入空间与路径研究》，《天府新论》2011 年第 5 期。

潘修华：《当代中国社会阶层结构变迁与重建国家自主性》，《理论与改革》2005 年第 4 期。

渠敬东、周飞舟、应星：《从总体支配到技术治理》，《中国社会科学》2009 年第 6 期。

孙立平：《向市场经济过渡过程中的国家自主性问题》，《战略与管理》1996 年第 4 期。

孙立平、王汉生、王思斌、林彬、杨善华：《改革以来中国社会结构的变迁》，《中国社会科学》1994 年第 2 期。

孙远太：《从依附到合作：国有企业内部劳动关系再形成研究》，《社会学研究》2009 年第 5 期。

唐军：《生存资源剥夺与传统体制依赖：当代中国工人集体行动的逻辑——对河南省 Z 市 Z 厂兼并事件的个案研究》，《江苏社会科学》2006 年第 6 期。

唐文玉、马西恒：《去政治的自主性：民办社会组织的生存策略——以恩派（NPI）公益组织发展中心为例》，《浙江社会科学》2011 年第 10 期。

佟新：《延续的社会主义文化传统——一起国有企业工人集体行动的个案分析》，《社会学研究》2006 年第 1 期。

王才勇：《承认理论的现代意义辨析》，《马克思主义与现实》2010 年第 6 期。

王凤才：《霍耐特承认理论发生学探源》，《马克思主义与现实》2006 年第 2 期。

王凤才：《霍耐特承认理论思想渊源探析》，《哲学动态》2006 年第 4 期。

王凤才：《霍耐特与批判理论的“政治伦理转向”》《现代哲学》，2007 年第 3 期。

王凤才：《从霍耐特承认理论到泰勒承认政治构想》《哲学动态》，2007 年第 9 期。

王凤才：《平等对待与道德关怀——霍耐特的政治伦理学构想》，《马克思主义与现实》2009 年第 4 期。

王凤才《“为承认而斗争”：霍耐特对黑格尔承认学说的重构》，《马克思主义与现实》2010 年第 3 期。

王凤才：《美国实用主义对霍耐特的影响》，《云南大学学报（社会科学版）》2010 年第 4 期。

王晓慧：《论企业工会引入社会工作的意义及应用》，《甘肃理论学刊》2011 年第 4 期。

王晓慧：《建设服务型工会的新思路：引入专业社会工作》，《中国劳动关系学院学报》2013 年第 6 期。

王星：《1978 年以来中国“国”与“民”关系之历史演进——立足于国家自主性理论的思考》，《人文杂志》2011 年第 2 期。

汪行福：《从“再分配政治”到“承认政治”——社会批判理论的范式之争》，《天津社会科学》2006 年第 6 期。

吴海燕、叶安勤：《黑格尔承认理论的源与流》《北方论丛》，2009 年第 5 期。

吴建平：《制度资源与组织载体：社会工作本土化的理论思考》，《中国青年政治学院学报》2011 年第 1 期。

路德维希·希濮：《“为承认而斗争”：从黑格尔到霍耐特》，罗亚玲译，

《马克思主义与现实》2010 年第 6 期。

杨雪冬:《国家自主性与国家能力》,《马克思主义与现实》1996 年第 1 期。

游正林:《60 年来中国工会的三次大改革》,《社会学研究》2010 年第 4 期。

游正林:《政绩驱动下的工会行动——对 F 厂工会主动介入生产管理过程的调查与思考》,《学海》2011 年第 1 期。

游正林:《工会如何搞生产——李立三、赖若愚的探讨及其启示》,《江苏社会科学》2011 年第 3 期。

张帆:《从霍耐特承认理论看承认正义的现实合理性》,《理论月刊》2012 年第 3 期。

张宏如:《企业社会工作的有效路径:本土化员工帮助计划》,《江海学刊》2011 年第 6 期。

张沁洁、王建平:《行业协会的组织自主性研究——以广东省行业协会为例》,《社会》2010 年第 5 期。

张康之:《合作治理是社会治理变革的归宿》,《社会科学研究》2012 年第 3 期。

张新光:《社会组织化:构筑国家与社会良性关系的关键》,《学术交流》2007 年第 8 期。

张勇、杨光斌:《国家自主性理论的发展脉络》,《教学与研究》2010 年第 5 期。

张允美:《市场化改革时期中国的劳动政治——以国家的劳动控制战略和工会的功能性双重主义为中心》,北京大学 2002 年政治学与行政管理系博士论文。

张允美:《理顺与冲突:中国工会与党——国家的关系》,《二十一世纪(网络版)》2003 年 9 月号。

赵健杰:《工会维权观:内在结构及其辩证关系研究》,《中国劳动关系学院学报》2008 年第 2 期。

郑广怀、刘焱：《“扩展的临床视角”下企业社会工作的干预策略》，《社会学研究》2011年第6期。

郑雪飞：《国家自主性研究层次评析》，《人文杂志》2011年第1期。

中国企业家调查系统，杨再平、蒲淳等执笔，《现阶段我国企业家队伍的行为特征调查分析——中国企业家成长与发展专题调查报告》，《管理世界》1995年第3期。

周穗明：《N. 弗雷泽和A. 霍耐特关于承认理论的争论——对近十余年来西方批判理论第三代的一场政治哲学论战的评析》，《世界哲学》2009年第2期。

周沛：《一项急需而有价值的社会工作介入手法——论企业社会工作》，《社会科学研究》2005年第4期。

朱菊生、袁久红：《从承认理论到民主正义论——略论南希·弗雷泽的政治哲学》，《学海》2010年第4期。

F. Miller&M. A. Coghill, Sex and the personnel manager. *Industrial and Labor Relations Review*. 18 (1), 1964, 32 – 64.

Fleming, C. W, Does social work have a future in industry? *Social Work*, May, 1979, 183 – 185.

Googins, B. &Godfrey, J, The evolution of occupational social work, *Social Work*, September – October, 1985, 396 – 402.

Iversen, R. R, Occupational social work for the 21st century. *Social Work*, 43 (6) . 1998, 551 – 566.

Kurzman, P. A. & Akabas, S. H, Industial social work as an arena for practice, *Social Work*, January, 1981, 52 – 60.

Maiden, R. Paul, The evolution and practice of occupational social work in the united states, *Employee Assistance Quarterly*, 17 (1/2), 2001, 119 – 161.

MarcoH. D. Van Leeuwen, Trade Unions and the Provision of Welfare in the Netherlands, 1910 – 1960. *Economic History Review*, *New Series*, Vol. 50, No. 4 (Nov., 1997).

Martin Jr, G. T. Social services and women's work, *Social Service Review*, March, 1985, 62 – 74.

Minghua Zhao , Theo Nichols, Management Control of Labour in State – Owned Enterprises: Cases From the Textile Industry. *China Journal*, No. 36. July, 1996.

Ozawa, M. N, Development of social services in industry: why and how? *Social Work*, November, 1980, 464 – 470.

Popple, P. R, Social work practice in business and industry, 1875 – 1930. *Social Service Review*. 55 (2), 1981, 257 – 269.

Ramanathan, C. S, EAP's response to personal stress and productivity: Implications for occupational social work, *Social Work*, 37 (3), 1992, 234 – 239.

Richard Morris, Trade Unions in Contemporary China. *Australian Journal of Chinese Affairs*, No. 13. Jan, 1985.

Tanner, R. M, Social work: The profession of choice for EAPs. *Employee Assistance Quarterly*. 6 (3), 1991, 71 – 83.

# 致　谢

本书在笔者的博士论文基础上修改完成，在此，特别感谢笔者的导师北大社会学系王思斌教授，他对笔者的研究给予了悉心指导。读博期间笔者参与了王老师主持的教育部重大课题攻关项目“中国特色社会工作制度和模式研究”（项目号：09JZD0026），本论文即是该课题的阶段性成果。能够跟随王老师读书是一件幸运的事情，他对学生要求严格，同时也很有耐心，他对事业的责任感、为人的正直与本色对笔者都有很深的影响。虽然自愧差距甚远，但笔者会一直努力向前。写作过程中，也要特别感谢刘爱玉教授、佟新教授、冯同庆教授、游正林教授对于笔者研究给予的宝贵指导。

感谢同门胡薇、郑文换、胡杰容、季蕾等的支持与帮助。做研究是孤独的，有时就像自己在茫茫的黑夜里四处寻找出路，心理上有很大的压力。所幸在这条道路上，大家可以同行，彼此支持，那些整个下午、整个晚上的讨论、那些长长的电话，我都清晰地记得，陪伴是那么的让人温暖。

感谢接受笔者访谈的工会干部与职工。虽然有些访谈对象年事已高，但他们都没有拒绝笔者多次的上门打扰，努力地回忆当年的工作情况，认真回答笔者追问的细节问题。虽然在职的工会干部工作繁忙，他们也宽容地对待笔者的到访，给笔者提供文件资料，接受访谈，还为笔者介绍别的访谈对象。感谢 BE 公司的档案管理人员，接纳笔者查阅近 30 年来的企业工会文件，还在寒冷的冬天做可口的饭菜给笔者。感谢彭亦非、姜政委，没有他们的介绍我不可能进入 BE 公司。

感谢笔者工作单位的领导与同事，你们对笔者的教学、科研都给予了大力的支持。感谢“北京高等学校青年英才计划项目（Beijing Higher Education

Young Elite Teacher Project)”资助本书出版。

本书部分内容曾在《中国劳动关系学院学报》、《广东工业大学学报（社科版）》、《甘肃理论学刊》等刊物发表，在此感谢这些期刊及编辑老师，也特别感谢本书责任编辑罗荣波的辛苦工作。

最后要深深地感谢笔者的家人，在笔者每次艰难的抉择时刻，家人永远是笔者坚强的后盾；在笔者一次次疲惫归来的时候，家人的爱给了笔者重新出发的力量。

在本书付梓之际，笔者也深感还有诸多不足之处，新形势下，中国工会面临着挑战与机遇，笔者还需要再进行更深入的研究。欢迎读者不吝赐教，对本书不足之处批评指正。